블록체인,
정부를 혁신하다

블록체인,
정부를 혁신하다

전명산 지음

유럽 블록체인 탐방 보고서
BLOCKCHAIN

서문

'아무리 생각해도 선진문물 견학을 온 것 같아요.'

21세기 대명천지에 선진문물 견학이라니. 필자가 유럽 여행 도중에 소회를 말하자 동행한 기자들이 맞장구를 쳤다. "맞아, 진짜 선진국이 다르긴 다르네요." 한국은 글로벌 경제 순위로 10위권에 있는 국가인데 '선진문물'이란 표현은 좀 너무 시대착오적인 감수성 아닌가? 지금이 구한말도 아닌데 '조선시찰단'(신사유람단)이 웬말인가 말인가? 나도 모르게 구한말과 21세기 사이를 시간여행하면서 약간의 자괴감과 열등감에 더해 부러움을 느낄 수밖에 없었다. 선진국이 괜히 선진국이라고 불리는 것이 아니구나…….

2018년 5월 언제쯤인가 모르는 번호로 전화가 왔다. 한국언론진흥재단의 언론연수팀 직원이라고 자신을 소개한 이유미 과장(당시 사원)은 한국언론진흥재단의 '블록체인 디플로마' 과정을 함께할 블록체인 전문가를 섭외 중이라고 했다. 한국언론진흥재단에서 마련한 블록체인 디플로마 과정은 블록체인을 전문적으로 취재하는 기자들을 대상으로 약 두 달 동안 블록체인 관련 심화교육 과정을 제공하는 프로그램이다. 이유미 과장은 필자의 전작 『블록체인 거번먼트』를 인상적으로 읽었다면서 특히 '사회적 기술로서의 블록체인'을 이번 연수 과정의 키워드로 삼고 싶다고 했다. 그리고 이 과정의 끝에는 해외 탐방 프로그램도 있다고 했다. 유럽 몇 개 나라를 직접 방문해서 진행되는 공공 영역 블록체인 프로젝트들을 취재한다는 것이다. 전화통화를 하는 내내 내가 자격이 될까, 시간은 낼 수 있을까, 별 도움이 안 되면 어떻할까, 기자들 앞에서 얕은 실력 뽀록 나는 것 아닐까 하는 생각들이 스쳐갔다. 하지만 유럽을 직접 방문한다는 말에 그냥 혹하고 말았다.

필자는 전작 『블록체인 거번먼트』를 쓰면서 세계 각국에서 진행하는 블록체인 프로젝트들을 조사했다. 하지만 다 언론 보도자료나 기사와 같은 간접 자료들이어서 아쉬웠다. 해당 홈페이지를 직접 방문해서 검증 가능한 것들을 검증하기는 했다. 하지만 그 역시도 과장이 있을 수 있기에 그것만으로는 겉핥기 혹은 피상적인 조사라는 느낌을 지울 수 없었다. 독자들은 어떻게 느꼈을지 모르겠지만 꽤 자신 없는 투로 서술된 부분도 있었다. 특히 에스토니아는 잘 이해가 되지 않았다. 국가가 스타트업보다도 더 영민하고 민첩하게 현 시대를 분석하고 일관된 전략을 수립하고 그 전략대로 실행하면서 과감하고 파격적으로 미래를 개척하고 있다는 사실이 쉽게 납득되지 않았기 때문이다.

에스토니아에 대한 자료를 조사할 때는 너무도 신기해서 '설마 이럴까?' 하고 계속 반문했다. 에스토니아를 들여다보면 '탈국가 전략'을 실행하는 것이 너무도 분명하게 보였기 때문이다. 무엇보다 정부가 나서서 스스로 탈국가 전략을 실행한다는 것이 쉽게 납득이 되지 않았다. 사실 탈국가 전략은 국경을 넘나드는 구글이나 페이스북 등 글로벌 인터넷 서비스 제공업체들 혹은 글로벌 헤지펀드들이나 추구하는 것이다. 국가가 이것을 추구한다는 것이 말이 안 되지 않는가? 게다가 구글이나 페이스북 같은 거대 글로벌 IT 인프라 사업자들도 국가별 문화와 정책 환경을 고려하고 개별 국가들의 눈치를 봐야 하는데 말이다. 그런데 에스토니아와 관련된 자료를 뒤지고 있자면 '얘네가 진짜 탈국가 전략을 하고 있는 거야? 진짜야?' 하는 의구심을 떨칠 수 없었다.

그런데 이유미 과장이 전화통화에서 에스토니아를 언급했다. 유럽 몇 개 국가 중에 에스토니아를 직접 방문하는 것도 고려한다는 것이다. '이번 기회에 에스토니아를 방문해서 무엇을 하고 있는지 직접 확인해볼 수 있을지 모르겠다.' 나는 거절할 수 없었고, 전화통화 말미에 "참여하겠다"는 말을 던졌다.

이렇게 한국언론진흥재단 블록체인 디플로마 과정이 시작되었다. 제법 치열한 선정과정을 거쳐 총 일곱 명의 기자가 확정되었다. 기자단 단장을 맡게 된 류현정 기자(IT 조선)를 비롯하여 김경윤 기자(연합뉴스), 박소원 기자(내일신문), 박시수 기자(코리아 타임즈), 송학주 기자(머니투데이), 허경주 기자(한국일보), 허준 기자(블록포스트)와 함께 총 12회의 국내 연수 과정을 마친 후, 드디어 폴란드를 경유하여 첫 번째 방문국인 네덜란드에 도착했다.

네덜란드에서의 첫 취재는 네덜란드 내무부에서 진행하는 자기주권 신원정보Self Sovereign Identity 프로젝트였다. 사실 필자는 그때까지만 해도 자기주권 신원정보 프로젝트의 구체적인 내용을 잘 모르고 있었다. 자기주권 신원정보란 개인의 신원정보Identity를 국가나 공공기관이 아니라 개인이 스스로 보관하고 관리하도록 하자는 개념이다. 블록체인 기술이 도입되면서 질병 이력, DNA 정보, 구매 이력, GPS 이동 정보와 같은 개인의 활동 이력 등 개인의 신원정보와 개인 데이터를 개인이 직접 관리하고, 필요하다면 해당 정보 소유자의 자발적인 동의를 거쳐 판매할 수도 있는 모델들이 많이 등장했다. 하지만 아예 개인의 신원정보 자체를 국가가 아니라 개인들이 스스로 보관하고 관리하도록 하겠다는 개념은 기존의 통념을 뒤집는 파격적인 발상이다. 블록체인 산업에서는 소브린 재단의 소브린 프로젝트(https://sovrin.org/), 독일의 욜로콤(https://jolocom.io/), 한국의 메타디움(https://www.metadium.com/), 마이크로소프트가 개발하는 자기주권 신원정보 시스템 등 이미 이 개념을 구현하는 프로젝트들이 여러 개 있다. 그런데 그 개념을 네덜란드 정부 내무부 사무실에서 그것도 아예 프로토타입으로 구현된 시제품으로 만나게 된 것이다. 예상치 못했던 선진문물 탐방은 이렇게 시작되었다.

이후 더치블록체인연합DBC, Dutch Blockchain Coalition의 사무국장 프란츠 반 에테Frans van Ette를 만나 네덜란드에서 정부, 기업, 학계가 어떻게 상호협력하며 블록체인 프로젝트를 진행하는지 자세하게 설명을 듣는 시간을 가졌다. 또한 네덜란드 정부의 블록체인 프로젝트를 총괄하는 마를로스 폼프Marloes Pomp를 만나 네덜란드가 구축하는 약 40개의 블록체인 프로젝트 현황 및 네덜란드에서 실제로 사용하는 블록체인 기반 산모 지원 프로그램에 대한 설명을 들었다. 암스테르담에서 열린 블록체인 엑스포 유럽 2018 콘퍼런스에서는 프로젝트 담당자 매트 슈넬Mats Snäll로부터 스웨덴에서 테스트한 스마트 컨트랙트 기반 부동산 거래 자동화 시스템에 관한 발표를 직접 듣는 기회를 얻었다. 암스테르담 스키폴 공항에서는 불과 일주일 전에 처음 설치된 공항의 비트코인/이더리움 ATM 기기를 담당하는 니키 브레서Nicky Bresser 매니저를 만나서 공항에 암호화폐 ATM기를 설치하게 된 경위와 반응에 대해 이야기를 나누었다. 공항 라운지에 ATM기 설치를 제안하고 진행하는 과정에서 정부나 감독기관이 꺼려 하거나 우려하는 입장은 없었느냐는 질문에 "왜 그런 걸 염려하지?"라고 반문하는 듯한 명랑하고 발랄한 태도에 약간의 머쓱함을 느끼기도 했다.

독일에서는 독일 블록체인연방협회 플로리안 그라츠Florian Glatz 협회장과 요하임 로캄프Joachim Lohkamp 이사를 만나 블록체인 산업을 이해하고 육성하기 위해 민과 관이 구체적으로 어떻게 협력하고 있는지에 대해 이야기를 들었다. 정부와 의회와 정당 관계자들과 블록체인 업계에 있는 사람들이 블록체인 기술을 이해하고 이해시키기 위해 일주일에 두세 번씩 미팅을 한다는 얘기는 정말 부러웠다. 기술을 이해하기 전에 규제를 먼저 하면 부작용이 생기기에 먼저 충분히 이해해야 한다는 얘기는 너무도 당연한데도 왜 이렇게 낯설게 들리던지……. ICO를 금지한다는 발표만 해놓고 아무런 액션이 없는 한국 상황과 너무도 대조적인 분위기에 정말 '남의 나라' 이야기를 듣고 온 것이다.

덧붙여 세계에서 처음으로 비트코인으로 맥주를 마실 수 있었던 카페 '룸 77Room 77', 유명한 다그DAG 프로젝트인 이오타IOTA, 그리고 암호화폐 순위 10위권 안에 있는 스텔라Stellar 블록체인을 기반으로 소액결제 서비스를 제공하는 사토시페이satoshipay를 방문해 해당 프로젝트에 대한 설명을 직접 듣는 행운도 얻었다. 이 책을 마무리하는 2019년 2월 초에 사토시페이가 유럽 최대의 디지털 미디어 기업인 악셀 스프링거Axel Springer SE와 제휴를 맺고, 블록체인 기반 소액결제 시스템을 악셀 스프링거의 결제 시스템에 통합했다는 소식이 들려왔다. 수년간 공들인 사토시페이의 노력이 이제야 결실을 맺는 모양이다.

6월 28일 독일에 입국할 때 바로 전날 우리나라 축구대표단이 독일을 2대 0으로 이긴 사건의 후폭풍 때문에 독일 공항을 한국인들이 떼지어 들어가면 안 될 것 같다며 서로 너스레를 떨던 일, 베를린 장벽을 거닐고 만지며 휴전선의 철조망을 떠올리던 일, 우연히 지나가는 길에 마주친 마르크스와 엥겔스의 동상, 독일인들이 나치 시절을 참회하기 위해 베를린 한복판에 만든 '살해당한 유럽의 유대인을 위한 추모비Memorial to the Murdered Jews of Europe' 공원에서 2,711개의 짙은 회색 콘크리트 비석들 사이를 거닐었던 기억은 잊지 못할 시간이다.

드디어 에스토니아에 도착했을 때 에스토니아 전자정부 쇼룸에서부터 신선한 충격의 연속이었다. 정부 관리의 입에서 "이제 국경은 의미없다"는 말을 들었을 때 에스토니아가 진짜로 '탈국가 전략'을 실행하고 있다는 사실을 비로소 확인할 수 있었다. 전자정부 쇼룸에 이어 e-헬스 담당자, 에스토니아 국가 CIO 심 시쿠트Siim Sikkut, 전자영주권 프로그램을 총괄하는 카스파르 코르유스Kaspar Korjus를 만났다. 그리고 마지막 일정으로 에스토니아의 KSI 블록체인 기술을 개발하고 제공하는 가드타임Guardtime 본사를 방문했다. 이들을 만나서 공통적으로 들은 이야기는 에스토니아는 국경을 뛰어넘는 정부 서비스를 제공하겠다는 것이었다. 에스토니아는 이미 세계 최고 수준으로 충분히 발전된 전자정부 시스템을 만들어놓았기 때문에 이 서비스를 그대로 글로벌로 열어서 새로운 형태의 정부 서비스를 제공하겠다는 것이다.

에스토니아가 2014년 말부터 시작한 전자영주권 프로그램은 '갑툭튀'가 아니라 바로 이러한 전략의 연장선상에서 나온 것이다. 어느 나라 국민이든 100유로만 내면 에스토니아에 전자영주권을 신청할 수 있다. 그리고 이 전자영주권을 받으면 전세계 어디에서든 에스토니아에 은행계좌를 개설하고 회사를 설립할 수 있다. 에스토니아는 그동안 자신들이 구축한 전자정부 서비스를 기반으로 온라인 환경에서 비즈니스를 할 수 있는 비즈니스 플랫폼을 글로벌 서비스로 제공한 것이다. 통상 전자영주권 카드는 신청 후 일주일쯤 후에 에스토니아 대사관에서 수령한다. 한국은 에스토니아 대사관이 없기에 1년 전만 해도 카드를 수령하려면 일본 등에 있는 에스토니아 대사관을 찾아가야 했다. 그런데 2018년 1월 에스토니아는 대사관이 없는 한국에 세계에서 제일 먼저 전자영주권 발급센터를 열었다. 에스토니아가 한국을 전략적으로 중요하게 생각하고 있다는 것을 반증하는 사례다.

에스토니아를 방문하기 전에는 혹 에스토니아의 파격적인 행보가 어떤 일관된 전략적 방향에 따른 것이 아니라 일회적인 기발한 발상 아닐까 하는 생각을 했다. 그런데 전자정부 전략가라 할 수 있는 카스파르 코르유스로부터 "앞으로 정부의 기능 자체를 앱스토어처럼 제공하겠다"는 말을 듣고 나서는 그저 깜짝하는 아이디어 수준이 아니라는 사실을 깨달았다. 즉 에스토니아는 자신들이 구축한 전자정부 인프라를 기반으로 제공할 수 있는 다양한 정부 서비스 중에서 제일 먼저 온라인 비즈니스 플랫폼(전자영주권 프로그램)을 하나의 앱 서비스로 전 세계에 제공하기 시작한 것이고, 앞으로 이러한 형태의 서비스 종류가 지속적으로 늘어날 것이라는 얘기다. 전자영주권 이후 어떤 것을 후속 서비스로 제공할지는 아직 모른다. 중요한 것은 그들은 이미 '정부의 탈국가 전략'을 수립했고 그 전략을 실행 중이라는 사실이다.

그렇다면 에스토니아의 이러한 전략은 다른 나라들과 충돌하지 않을까? 아마도 언젠가는 그럴 것이다. 전자영주권 프로그램이 제공하는 스타트업 지원 수준을 넘어 에스토니아가 글로벌로 본격적인 정부 서비스를 제공하기 시작하는 순간 다른 나라의 정부 서비스와 경쟁 관계에 놓이게 될 것이기 때문이다. 과연 세계는 정부 스스로 국경을 넘어 글로벌 서비스를 제공하려는 에스토니아의 파격적인 시도를 어떻게 받아들일까? 아직은 예측하기 쉽지 않다.

그런데 국가 스스로 국경을 넘어서려는 탈국가 경향은 에스토니아에서만 느낀 것이 아니다. 네덜란드 정부가 시도하는 자기주권 신원정보 시스템은 국가가 개인들의 신원정보를 보관하지 않겠다는 것이다. 비슷한 고민을 하는 독일의 블록체인연방협회 이사 요하임 로

캠프 역시 난민들이 스스로를 증명하기 위해서라도 개인 스스로 자신들의 개인정보를 보관하고 관리하는 방향으로, 즉 자기주권 신원정보를 지원하는 방향으로 나아가야 한다고 말했다. 직접 방문한 것은 아니지만, 스페인의 자치정부(주) 중 하나인 카탈루냐의 수도 바르셀로나 역시 자기주권 신원정보 시스템을 구현하고 있다는 사실을 유럽 방문 이후 확인할 수 있었다.

이처럼 유럽의 여러 곳에서 비슷한 고민들이 진행되고 있다. 이미 유럽은 2018년 4월에 독일, 프랑스, 영국 등 유럽 집행위원회EC의 22개 회원국이 참여하여 '유럽 블록체인 파트너십Europe Blockchain Partnership' 출범 선언문에 공동 서명했다. 이 협력 프로젝트의 목적은 두 가지이다. 첫째, 회원국들이 기술과 규제 정보 등 전문적인 사안을 공유하고 함께 논의함으로써 개별적으로 사안에 대처할 때 나타나는 비효율성이나 시행착오를 막자는 것이다. 둘째, 유럽을 포괄하는 단일 디지털 마켓에서 통용될 수 있는 블록체인 기술을 준비하자는 것이다. 즉 현재 유럽 각국에서 테스트하거나 실제 서비스를 제공하고 있는 블록체인 프로젝트들의 전략, 기술, 경험을 유럽연합 내에서 공유함으로써 유럽 전체에 단일한 블록체인 인프라를 깔겠다는 전략이다. 예컨대 네덜란드의 자기주권 신원정보 시스템이 개발 완료되어 성공적으로 사회에 안착했다고 판단된다면 그대로 유럽 전체에 확대 적용될 수도 있는 것이다. 이것은 유럽 전체가 하나의 블록체인 인프라를 구축한다는 것을 의미한다. 지금도 유럽은 유럽연합을 통해 하나의 공동체로 나아가고 있는데, 이러한 통합 인프라가 도입되게 되면 유럽 내에서 국경의 의미는 더욱 얇아질 것이다.

싱가포르, 네덜란드, 두바이 등 정부 차원에서 전략적으로 블록체인 프로젝트를 진행하는 국가들은 여러 번의 블록체인 기반 행정 시스템의 프로토타입을 개발하면서, 이것들이 제대로 작동하려면 개별 국가 레벨을 넘는 국가 간 협력이 필요하다는 사실을 확인했다. 그래서 이 중 일부 프로젝트들은 개별 국가 범위를 넘어 여러 나라가 협력하여 공동으로 운영하는 블록체인 서비스를 구축하는 중이다. 게다가 네덜란드는 2019년부터 암스테르담 스키폴 공항과 캐나다 토론토 공항 사이에서 자기주권 신원정보 시스템을 기반으로 두 공항을 여권 없이 오고 가는 실험을 할 예정이다. 이와 같이 유럽에서 시작된 블록체인 인프라는 각개전투로 실핏줄처럼 세계 곳곳을 파고들 가능성이 존재한다.

이러한 흐름들은 이미 세계 곳곳에서 국경의 의미가 점차 옅어지고 있다는 사실을 보여준다. 그리고 블록체인 기술은 이 경향을 가속화하고 있다. 유럽은 개별 국가를 넘어서는 공동체를 준비하고 있다. 특히 에스토니아는 인터넷 덕분에 세계사의 흐름이 결국은 개별 국가를 넘어서는 방향으로 나아갈 것이라는 사실을 10여 년 전부터 인지하고 발빠르게 정부 스스로 국경을 넘는 전략을 시도하고 있다.

그런데 한국을 돌아보면, 마치 21세기에 구한말의 쇄국정책을 다시 시도하는 듯해 답답함이 느껴진다. 선진문물 탐방을 위한 조선시찰단이 '쇄국정책'으로 기억되는 100여 년 전 구한말에도 있었다는 사실은 역사의 장난일까? 디지털 인프라에 기반해 기존 산업 구조를 개편하고 우버나 에어비앤비와 같은 새로운 산업을 만들려는 시도들은 기득권을 가진 기존 산업 관계자들을 보호하기 위해 끊임없이 방해받고 있다. 블록체인 산업에 대한 이야기는 암호화폐를 블록체인과 분리할 수 있느니 없느니 하는 유치한 수준의 논쟁에 머물러 있다. 세계는 점점 IT 인프라에 기반한 새로운 산업 구조로 이행하고 있는데 한국은 여전히 산업혁명 시대에 만들어진 낡은 산업 구조를 지키기에 급급하다. 세계사에 유례를 찾아보기 힘든 촛불혁명을 통해 민주주의의 토대를 확실하게 다지긴 했지만, 변화된 기술 환경에 적응하고 이것을 발판으로 미래의 변화를 주도하는 부분에서는 여전히 부족한 상황이다. 스스로 자꾸만 갈라파고스로 파고들려는 우리의 상황이 안타까울 뿐이다.

유럽의 선진 문물을 경험하고 오니 이러한 격차가 확연하게 느껴졌다. 문제 설정도 다르고 해법을 도출하는 전략과 방법론도 다르다. 과연 한국은 이러한 새로운 환경에 대응할 수 있을까? 애초 필자는 블록체인 디플로마 과정의 '자문'으로 참여했기에 보고서나 분석 글 같은 것을 써야 할 의무는 없었다. 별도로 글을 써야겠다는 계획도 없었고 책을 낼 계획은 더더욱 없었다. 그러나 유럽에서 보고 들은 것들이 너무도 강렬했기에 그냥 혼자 묻어두기에는 아까웠다. 그래서 용기를 내어 글을 쓰기 시작했다.

이 책은 『블록체인 거번먼트』의 2편 혹은 후속편에 가깝다. 필자는 어찌하다 보니 공공 영역의 블록체인들을 계속 추적하고 있다. 사실 이것도 애초 의도한 것은 아니었다. 2015년부터 본격적으로 블록체인을 공부하면서 자료를 뒤지다 보니 우연히 공공영역의 블록체인 프로젝트들이 눈에 들어온 것이다. 왜 이렇게 정부들이 나서서 블록체인 프로젝트를 주도할까 하는 의문에서부터 시작해서 관련 프로젝트들의 세부 내용을 파악하고 여러 가지 관련 이론 자원들을 검토하다 보니 『블록체인 거번먼트』라는 책을 출판하게 된 것이다.

독자들은 어떻게 느낄지 모르지만 『블록체인 거번먼트』는 다소 수줍고 조심스럽게 쓰여진 책이다. 블록체인을 충분히 이해하고 쓴 것이 아니라 공부를 해가며 쓴 것이기에 그만큼 스스로에 대한 자신감이 부족하기도 했다. 당시는 블록체인 기술은 이제 막 존재감과 가능성을 드러내는 상태였기 때문에 그것이 세상에 미칠 파장에 대해서도 심도 깊게 고민하지는 못한 상태였다. 2년 가까이 지난 지금, 필자는 블록체인에 대해 훨씬 더 강한 신뢰가 생겼다. 블록체인은 인터넷의 미래이고, 디지털 정보의 관리 방식을 바꿀 것이며, 지금까지의 화폐 시스템과 신용 시스템을 바꿀 것이다. 나아가 관료제를 바꿀 것이고 사회에 '신뢰'라는 인프라를 제공함으로써 사회가 조직되는 방식을 송두리째 바꿀 것이다. 이전에는 디지털 데이터의 무한 복제 가능성과 위변조 가능성 때문에 디지털 정보로 경제적 '가치'를 표현하는 것이 쉽지 않았다. 하지만 이제는 블록체인 기술로 인해 디지털화된 가치를 생성하고 보관하고 이전하는 것이 가능해졌다. 따라서 앞으로 모든 가치 있는 것들의 디지털화가 가속화되면서 금융을 포함한 전체 산업 구조에 토큰 이코노미Token Economy가 확산될 것이다. 아직도 이 부분에 대해 미심쩍어 하는 분들이 많겠지만, 전통 금융 산업의 대명사 중 하나인 JP모건이 2019년 2월 14일 JPM이라는 자체 코인을 발행한 사건 하나로 답변이 충분하리라 생각한다.

거대한 변화가 시작되었다. 우리는 이제 겨우 그 초입에서 벌어지는 현상들을 보고 있을 뿐이다. 필자는 운 좋게도 그 거대한 변화가 일어나고 있는 현장의 일부를 이 책에 담았다. 이 책이 21세기를 관통하는 세계사적인 흐름을 파악하고 준비하는 데 조금이라도 도움이 되기를 바랄 뿐이다.

이 책은 한국언론진흥재단 블록체인 전문 기자들과 함께한 유럽 방문 경험을 토대로 한 것이다. 만약 한국언론진흥재단에서 이와 같은 소중한 기회를 만들어주지 않았다면 이 책은 나올 수 없었을 것이다. 이 자리를 빌어 언론인연수팀 박형철 팀장님을 비롯해 한국언론진흥재단의 여러 관계자분들께 진심 어린 감사의 말씀을 전하고 싶다. 일면식도 없는 필자에게 불쑥 전화를 해준 이유미 과장 또한 감사의 인사를 빼놓을 수 없다. 이유미 과장은 국내 교육 프로그램 설계부터 강사 섭외 및 스케줄 관리는 물론이고 유럽 현지 인터뷰 섭외 및 스케줄 작업까지 도맡아 했다. 국내에서는 하나의 지식이라도 더 전달하려고, 해외에서는 하나의 일정이라도 더 만들려고 빡빡한 교육 일정과 인터뷰 스케줄을 잡아준 덕에 몸은 힘들었지만 짧은 기간에 풍부한 정보들을 얻을 수 있었다.

두 달 동안 빡빡한 교육 일정을 소화하며 유럽을 함께 누볐던 일곱 명의 기자들-류현정 기자님, 김경윤 기자님, 박소원 기자님, 박시수 기자님, 송학주 기자님, 허경주 기자님, 허준 기자님에게도 감사의 말씀을 전한다. 이분들이 사전에 준비한 질문들과 인터뷰 전후의 토론과 고민이 없었다면 빠듯한 인터뷰 시간에 이렇게 핵심을 찌르는 이야기들을 끄집어내지 못했을 것이다. 최대한 빠르고 생생하게 유럽의 최신 소식을 전하기 위해 공항에서 이동 중에 서서 기사를 쓰던 모습,

연이어 잡힌 인터뷰에서 하나라도 더 건지기 위해 전세버스에서 토론하던 모습, 망가지기 직전의 노트북 충전기를 테이프로 응급처치하며 취재 현장을 지키던 모습, 조금이라도 기사를 더 잘 전달하기 위해 설득력 있는 스토리를 뽑아내려고 고민하고 토론하던 모습들이 잊혀지지 않는다. 사람이 열 명 정도 모이면 한 명 정도는 독자노선을 고집하며 애를 태울 만도 한데 이번 여행길에는 한결같이 열정적이고 성실한 기자분들을 만나서 정말로 알찬 시간을 보낼 수 있었다.

이 책의 주요 내용은 「코인데스크 코리아」에 기고한 글들을 바탕으로 한 것이다. 해당 기고문을 책으로 옮길 수 있게 허락해준 「코인데스크 코리아」의 고경태 대표님과 유신재 편집장님께 감사의 말씀을 전한다. 또한 이 책의 8장은 『매일경제』이 기고했던 글을 토대로 재작성한 것이다. 이 글을 책에 실을 수 있게 허락해준 『매일경제』 그리고 김용영 기자님께도 감사의 말씀을 전한다. 이미 언론에 기고했던 글들을 다듬고 보완해 책으로 출판할 기회를 주신 클라우드나인의 안현주 대표님과 장치혁 대표님께도 감사드린다. 안현주 대표님이 흔쾌히 출판을 허락하지 않았다면 이 책은 세상에 나올 수 없었을 것이다.

함께 블록체인 산업을 탐구하며 헤쳐나가는 보스 플랫폼BOS Platform 팀에게도 감사의 인사를 빼놓을 수 없다. 보스 플랫폼 팀은 한국에서 처음으로 ICO를 한 팀으로서 그 사명감과 책임감을 무겁게 느끼고 진지하게 기술을 개발하고 있다. 보스 플랫폼 팀은 블록체인 업계가 겪는 큰 사고들을 거의 다 겪었음에도 불구하고, 크고 작은 문제들을 꾸역꾸역 해결하면서 끝까지 프로젝트를 지켰고 결국은 결과물을 만들어냈다. 블록체인의 원천기술을 확보하지 못하면 한국은 블록체인 기술 경쟁에서 뒤쳐질 것이 뻔한데, 다행히도 세계 최고 수준의 프로젝트들과 경쟁할 수 있는 기술을 개발했다. 이런 어려움들을 극복한 우리 자신에게 큰 자부심을 느낀다. 여러 가지 사건 사고를 겪으면서도 목표 의식을 잃지 않았고 그 결과 지금은 글로벌로 경쟁할 수 있는 블록체인의 원천기술을 만들어낸 것이다. 최예준 대표님, 배민효 CTO님, 김종현 CSO님, 그리고 새로 결합한 김태건 CFO님을 비롯한 모든 임직원들에게 이 자리를 빌어 고맙다는 말씀을 전한다. 지금은 예상치 못한 암초에 부딪혀 잠시 프로젝트가 주춤하고 있지만 다시 앞으로 나아갈 것이다.

이제 막 날개를 펴기 시작한 보스 콩그레스BOS Congress 멤버들에게도 감사의 말씀을 전한다. 보스 플랫폼 프로젝트에 매료되어 개발 자금을 지원한 죄로 2년 넘는 시간 동안 업계에서 떠도는 온갖 악소문과 비판을 들으면서도 끝까지 개발팀을 지지해주셨고, 오늘의 보스 플랫폼이 존재할 수 있도록 만들어주신 분들이다. 특히 보스 콩그레스 코리아 운영위는 2018년 12월 준비위로 시작하여 2019년 4월 9일부터 12일까지 진행된 콩그레스 투표에서 총 유권자 1,652명 중 648명(90.1%)의 지지를 받아 정식 한국 운영위원회로 승인받았다. 한국 중심으로 보스 플랫폼 커뮤니티를 공식적으로 대표하는 조직이 출범한 것이다. 김정한 운영위원장님, 이철 부위원장님, 박현우 위원님, 신영민 위원님, 이완수 위원님, 정명숙 위원님, 조미선 위원님, 홍채영 위원님에게 죄송한 마음과 더불어 진심어린 감사의 말씀을 전하고 싶다. 암호화폐 산업에서 커뮤니티가 직접 나서서 공식

조직을 만들고 활동한 사례는 드물다. 보스 플랫폼 커뮤니티의 행보는 향후 암호화폐 산업에서 새로운 이정표를 만들어낼 것으로 기대된다. 아직은 1,700명 정도의 멤버가 모인 작은 글로벌 커뮤니티이지만, 세계 최초로 구현한 1인 1표라는 민주적인 거버넌스 시스템을 기반으로 가장 커다랗고 가장 강력하며 가장 역동적인 커뮤니티로 성장하리라 믿어 의심치 않는다. 필자는 이런 원대한 프로젝트에 함께하고 있다는 사실이 자랑스럽다. 언젠가 보스 플랫폼이 블록체인 산업 역사의 한 페이지를 썼다고 이야기할 수 있는 날이 반드시 오리라 믿는다.

마지막으로 내가 힘들 때 가장 큰 위로가 되는 건조와 나무에게 무한한 감사와 사랑의 마음을 전한다.

2019년 5월
전명산

서문 4

1장 스타트업보다 더 스타트업스런 정부 • 25
– 블록체인 선도 국가들이 블록체인을 대하는 자세

1. 블록체인 현장을 가다 27
2. 정부, 애자일을 만나다 31
3. 우리는 일정이 없어요! 37
4. 정부의 역할은 무엇인가? 42

2장 가이사의 것은 가이사에게, 개인정보는 개인에게 • 45
– GDPR 시대의 블록체인 기반 개인 신원정보 관리 시스템

1. 네덜란드 정부, 신원정보 독점권을 놓다 47
2. 자기주권 신원정보 시스템이란? 55
3. 정해진 일정이 없어요 62
4. 이미 시작된 국가의 탈중앙화 67
5. 인터넷 서비스의 근간을 흔들 자기주권 신원정보 71
6. 우리 앞에 놓여진 두 개의 미래 74

3장 암호화폐 없는 퍼블릭 블록체인, 기본소득을 가능케 할까? • 77
– 프라이빗 블록체인을 넘어 공공 영역 블록체인의 새로운 해법을 찾다

1. 세 개의 블록체인 79
2. 퍼블릭 블록체인 85
3. 권한증명 89
4. 공공 서비스로서의 퍼블릭 블록체인 92
5. 영감을 자극하는 블록체인 96

4장 이미 시작된 블록체인 기반의 행정 자동화 • 99
– 스마트 컨트랙트가 너희를 자유롭게 할 것이다

1. 우리는 진짜 해냈어요! 101
2. 30배 빨라진 정부 104
3. 행정 자동화는 필연적이다 111

5장 규제와 협력 사이: 독일의 경우 • 115
– 우리는 규제 전에 토론을 한다!

1. 호환마마보다 무서운 암호화폐 117
2. 방황하는 한국정부 126
3. 규제? 응? 뭐라구요? 129
4. 미래는 규제할 수 없다 136

6장 미래에서 온 국가 에스토니아 • **141**
― 물리적 영토를 넘어서는 에스토니아의 파괴적인 실험

1. 발트해의 호랑이 에스토니아 **143**
2. 에스토니아를 글로 배웠어요! **147**
3. 국가 CIO 제도를 도입하다 **155**
4. 전자정부의 미래를 설계하다 **159**
5. 플랫폼으로서의 정부 **169**

7장 비트코인 이전에 블록체인이 있었다 • **173**
― 에스토니아와 가드타임의 도전

1. 에스토니아 전자정부가 멈춰선 날 **175**
2. 가드타임, 미래를 준비하다 **179**
3. 블록체인을 활용하는 방법 **184**
4. 블록체인은 만능인가? **191**

8장 유럽연합의 새로운 실험 • **197**
― 블록체인으로 하나 되는 유럽

1. 블록체인 인프라를 준비하다 **199**
2. 이미 기반은 구축되고 있다 **203**
3. 블록체인, 단일한 유럽을 구축하는 도구 **207**
4. 남북한 합작 블록체인 네트워크를 제안한다 **210**

9장 왜 블록체인은 필연적인가? • **217**
― 블록체인, 신뢰 문명을 구축하는 인프라

1. 블록체인: 신뢰공학의 탄생 **219**
2. 프라이빗 블록체인 vs 퍼블릭 블록체인 **228**
3. 신뢰: 새로운 문명의 인프라 **238**
4. 신뢰 공학 이후의 사회 **244**

미주 251

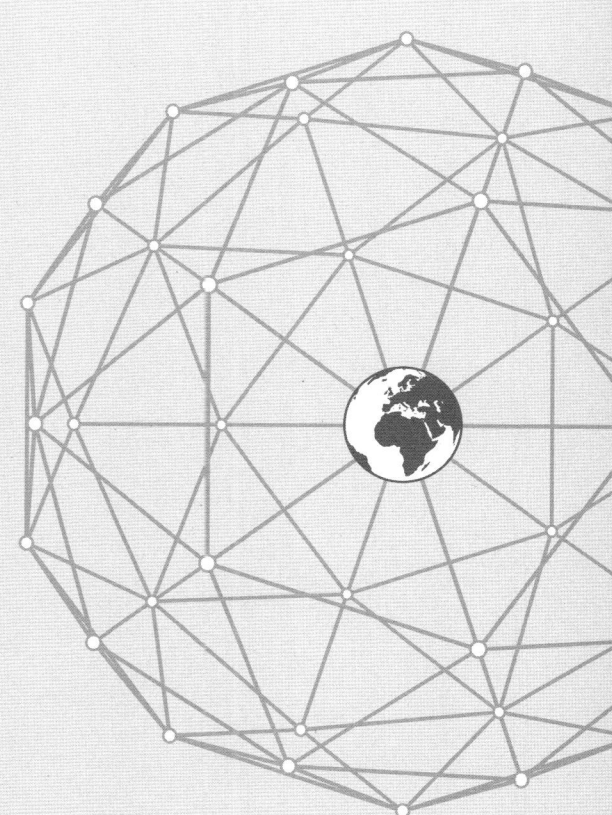

스타트업보다 더
스타트업스런 정부

블록체인 선도 국가들이
블록체인을 대하는 자세

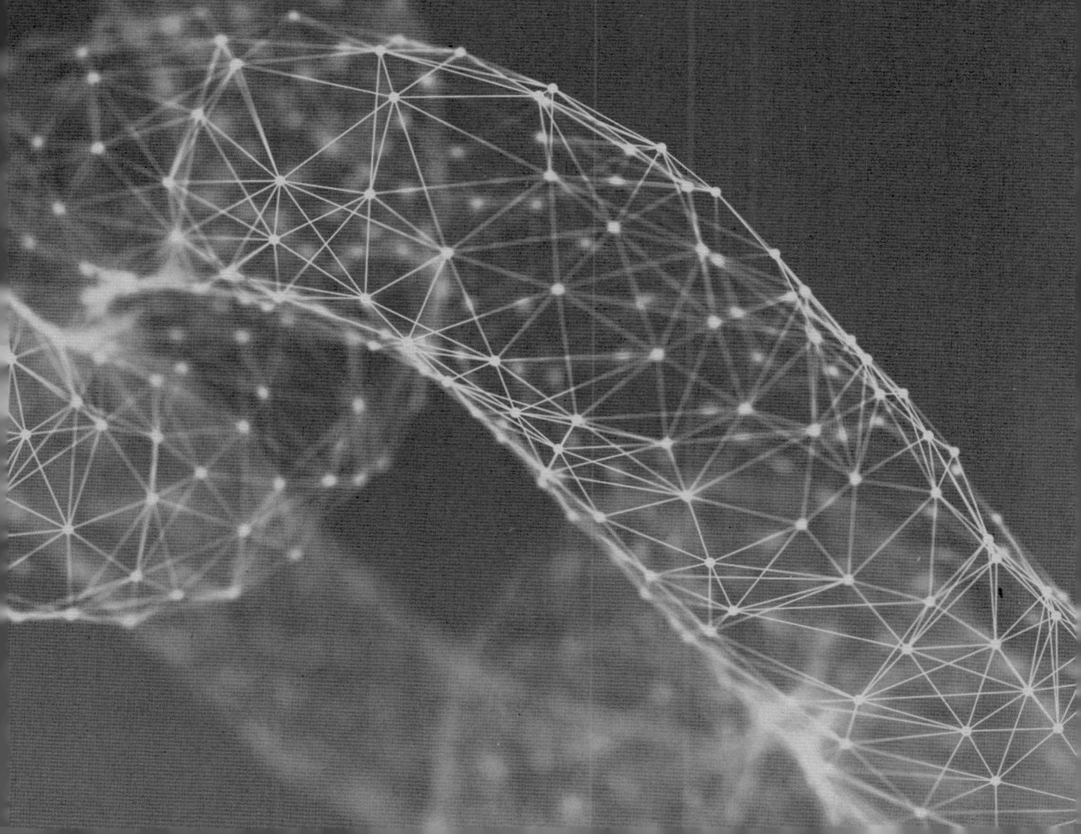

1
블록체인 현장을 가다

   정부가 나서서 적극적으로 블록체인 프로젝트를 주도하는 선도적인 나라로 두바이, 싱가포르, 네덜란드, 영국, 에스토니아, 스웨덴, 중국 등을 꼽을 수 있다. 최근 블록체인 선도 국가들의 진도는 상당한 수준으로 진척되어 개별 국가 범위를 넘어 국가 간 블록체인 프로젝트를 진행하는 사례도 나타나고 있다. 심지어 유럽은 유럽연합 블록체인 파트너십European Blockchain Partnership 프로그램을 가동하고 유럽 전체를 포괄하는 블록체인 프로젝트들을 준비 중이다. 필자는 이와 같이 활발하게 진행되는 공공 영역의 블록체인 프로젝트들을 조사하면서 관련 소식들을 언론 보도자료 등 2차 자료로만 조사할 수밖에 없고 실제 현황이 어떤지 확인하기가 쉽지 않았다는 점이 가장 아쉬웠다.

   그러던 중 다행히도 지난 2월에 2018 블록체인 미들 이스트 포럼

Dubai Blockchain Middle East Forum 2018에 참석해 두바이 블록체인 담당자의 발표를 직접 들은 바 있다[1]. 두바이는 2020년까지 모든 정부 문서를 블록체인으로 관리하겠다는 원대한 계획을 발표하였고, 디지털 ID, 출입국 관리, 의료 정보 관리 등 사회 각 부분에 활발하게 블록체인 기술을 적용하고 있다. 지난 2018년 7월에는 한국언론진흥재단 블록체인 디플로마 과정의 자문으로 참여하는 기회를 얻어 네덜란드, 독일, 그리고 에스토니아를 차례로 방문해 각국 정부의 블록체인 담당자들을 만나 직접 설명을 듣는 귀중한 시간을 가졌다. 또한 암스테르담에서 개최된 블록체인 엑스포 유럽 2018 콘퍼런스에서는 스마트 컨트랙트 기반의 토지거래 시스템을 구축[2]한 스웨덴 랑트마트리어트Lantmäteriet, Swedish Land Registry의 최고디지털책임자CDO 매트 슈넬의 발표도 직접 들었다. 이를 통해 블록체인 선도 국가들의 프로젝트 진도 현황들 중 일부를 가장 최신 데이터로 업데이트할 수 있었다.

필자가 현재 블록체인 업계에서 일을 하긴 하지만 순간순간 블록체인 기술 그 자체를 얼마나 믿을 수 있는지, 폴 크루그먼Paul Krugman이나 누리엘 루비니Nouriel Roubini 교수의 비난대로 정말 '역사상 최고의 거품'[3] 위에서 더 많은 거품을 짓는 것은 아닌지 의구심이 들 때가 있다. 그러나 이번 유럽 방문을 통해 필자는 산업 전체가 토큰 이코노미로 재편되는 것과 더불어 정부 및 공공 서비스 시스템에 블록체인이 적용되는 것은 피할 수 없는 미래라는 확신을 얻었다. 엑스포에서 패널 토론에 나선 한 인사는 앞으로 수년 안에 분산 장부 시스템이 일반화되고 표준으로 자리잡게 될 것이라고 이야기했다. 지금으로서는 상당히 과감하고 섣부른 예단으로 보일지 모르지만, 필자는 이제 확신을 가지고 이야기할 수 있다.

물론 블록체인 기술은 초기 기술이기에 아직 넘어야 할 장벽이 많다. 블록체인의 처리 속도 향상, 해킹할 수 없는 스마트 컨트랙트 개발 방법론, 스마트 컨트랙트 코드 자체의 무결성을 담보하는 방법론, 스마트 컨트랙트 코드 자체의 업그레이드 방법론, 스마트 컨트랙트를 보다 쉽게 개발하는 방법론, 블록체인 위에서 개인 프라이버시 데이터를 다루는 방법론, 퍼블릭 블록체인 대비 안전성이 떨어진다고 평가받는 프라이빗 블록체인의 구조를 보다 더 안전하게 만들고 운영할 수 있는 방법론, 블록체인에서 대용량 파일을 처리하는 방법론, 블록체인 자체의 개선 방안이나 정책을 결정하는 의사결정 시스템 구축 방법론, 양자 컴퓨터에 대한 대응 등 실로 엄청난 과제들이 아직까지 풀어야 하는 숙제로 남아 있다. 그리고 이 숙제들을 풀기 위해 현재 전세계에서 수백 개의 프로젝트들이 진행되고 있다.

이번 해외 방문을 통해 직접 확인한 것은 블록체인의 기술적 숙제를 푸는 작업들이 민간 영역의 암호화폐 기반 프로젝트들만이 아니라 공공 영역에서도 상당한 수준으로 실험이 진행되고 있다는 사실이다. 먼저 공공 영역에서 진행되는 프로젝트들의 진도가 상당히 진척되었다. 먼저 진도 그 자체만 놓고 보자면 2017년까지 공공 블록체인 프로젝트들은 예외 없이 프로토타입과 테스트 단계였다. 그런데 2018년에 들어서는 비록 소규모이더라도 블록체인 기술을 실제 공공서비스에 적용한 사례들이 속속 나타나고 있다. 더불어 기술 구현 측면에서도 상당히 도전적인 작업들이 진행되고 있다. 예를 들면 네덜란드에서 프로토타입 개발을 완료한 블록체인 기반의 개인 신원정보ID 관리 시스템은 영지식 증명Zero-Knowledge Proof[4]과 다그DAG, Directed Asynchronous Graph[5] 구조의 블록체인 기술을 활용했다. 영지식 증명은 아직 기술이 완성 단계에 이르지 않은 상태이다. 그런데 공공 영역에서 이것의 활용 가능성을 테스트해본 것이다(참고 삼아 언급하자면 싱가포르 정부 역시 실시간 금융거래 청산 시스템RTGS 프로젝트 우빈UBIN[6]에서도 영지식 증명을 테스트한 바 있다). 다그 구조의 블록체인 역시 아직은 제대로 검증되었다고 할 수 없는 기술이다. 그럼에도 불구하고 그들은 개인 신원정보ID 관리에 적합한 새로운 형태의 블록체인 구조를 찾아 그것을 실험한 것이다. 독일은 공공 영역에 적용되는 블록체인에 대해 자격증명PoA, Proof of Authority이라는 개념으로 공공 블록체인 프로젝트의 대명사처럼 불리는 프라이빗 블록체인의 한계를 넘어서려는 고민을 하고 있다. 스웨덴은 스마트 컨트랙트 기술을 사용하여 블록체인으로 부동산 거래를 자동화하는 작업을 진행했다. 이처럼 정부 영역에서도 민간 영역만큼이나 과감하게 새로운 실험을 하고 있다는 것이 필자에게는 꽤 신선하게 느껴졌다.

2
정부, 애자일을 만나다

그런데 이보다 더 중요한 것이 있다. 다른 나라 정부들의 프로젝트 진행 방식이 마치 영민한 스타트업들이 채택하는 개발 방법론과 비슷하다는 사실이다. 필자는 『블록체인 거번먼트』[7]를 쓰기 위해 자료를 조사하면서부터 블록체인 도입에 선도적인 정부들이 마치 스타트업처럼 움직인다는 사실을 어렴풋이 느낄 수 있었다. 예컨대 필자가 조사했던 프로젝트들은 대부분 '짠' 하고 한번에 나오지 않았다. 싱가포르가 진행하는 국제 금융기관 사이 실시간 청산 시스템인 우빈UBIN은 총 세 번의 프로토타입을 거쳤다. 스웨덴의 랑트마트리어트가 2018년 상반기에 실제 부동산 데이터로 실증을 완료한 스마트 컨트랙트 기반의 부동산 실시간 거래 시스템도 실증 테스트를 하기 전까지 두 번의 프로토타입을 거쳤다. 네덜란드는 2016년부터 총 40개의 블록체인 프로젝트를 실행했는데 프로젝트마다 두세 단계의 프로토타입을 수행했다. 네덜란드의 공공 블록체인 프로젝트를 총괄하는 마를로스 폼프는 네덜란드의 프로젝트들이 '학습Learning → 프로토타입 개발 → 테스트 → 소규모 적용 → 스케일업(적용 확대)'의 단계를 거친다고 설명했다. 두바이 역시 비슷하다. 두바이는 2016년에는 블록체인 기술 도입을 위한 전략과 실행 계획을 수립하는 데 주력했고 2017년에는 프로토타입을 통해 실현 가능성을 검증하는 데 주력했다. 이런 과정을 거친 후 2018년에 이르러서야 실생활에 적용하는 작업을 시작했다.

이처럼 필자가 문헌으로 조사했던 많은 프로젝트들이 실증 단계에 들어가기 전 타당성 연구조사, 관련 기술조사, 프로토타입 과정을 거쳤다. 처음엔 해당 영역에서 블록체인을 적용하는 것이 가능한지, 어떤 기술을 적용하는 것이 좋을지 등을 조사하고 다음엔 블록체인이 제대로 작동하는지 확인하기 위해 아주 기본적인 기능을 만들고 테스트한다. 이 테스트를 통해 얻으려는 것은 완성된 답이 아니다. 먼저 해당 영역에 블록체인을 적용하는 것이 유용한지 확인하고, 개발된 블록체인이 제대로 작동하는지 검증하고, 나아가 이것이 실제 적용되기 위해서는 어떤 것들이 더 필요한지 파악하는 것이다. 첫 번째 프로토타입에서 얻은 교훈을 바탕으로 하고 두 번째 세 번째 프로토타입에서는 더 복잡한 프로세스, 어렵지만 적용 가능한지 확인해야 하는 기술, 더 많은 조건들, 더 많은 이해관계자들, 그리고 보다 현실에 가까운 운영 환경을 고려해서 테스트를 진행한다.

나아가 네덜란드, 두바이, 싱가포르 등은 몇 개의 프로젝트에서 국가간 협력을 하고 있거나 혹은 추진 중이다. 이들 국가들은 프로토타입을 만드는 과정에서 블록체인 기술을 제대로 활용하려면 국가 간 연결과 협력이 필수적이라는 사실을 확인했기 때문이다. 일례로 네덜란드는 자신들이 만든 블록체인 기반 개인 신원정보ID 관리 시스템을 암스테르담의 스키폴 공항에서 캐나다 토론토 공항까지 연결해서 여권 없이 신분증이 저장된 스마트폰만 가지고 공항을 통과할 수 있는 실험을 2019년에 진행할 예정이다. 그런데 이것은 처음부터 그려놓은 멋진 로드맵을 충실히 따르는 것이 아니다. 애초 프로젝트 시작 시점에는 발견하지 못했던, 그리고 프로토타입을 통해 새롭게 제시되거나 새롭게 발견된 요구사항들에 따라 프로젝트의 방향이 다시 설정되었고 그중 하나가 국제 간 협력이다.

이처럼 작은 단위로 테스트를 진행하며 점점 완성도를 높여가는 개발 방법론을 애자일Agile 개발 방법론[8]이라고 부른다. 애자일 개발 방법론은 실패 확률을 줄이고 보다 완성도 높은 결과물을 얻기 위한 아주 좋은 방법론이라고 알려져 있지만, 실제로 이것을 실행하는 것은 그리 만만치 않다. 한 번에 '짠' 하고 개발을 완료하는 것이 아니라 모색하고 수정하고 다시 테스트하고 검증하고 필요하면 기존의 산출물을 통채로 뒤엎고 다시 개발해서 다시 검증하는 시간을 써야 하기 때문이다. 게다가 프로젝트를 진행하면서 발견된 이슈에 따라서 간단하게는 개발된 단위 기능별 산출물을 수정하거나 예정에 없던 단위 작업을 추가해야 할 수도 있고, 사안이 큰 경우에는 전체 프로젝트의 방향, 목표, 전략을 다시 수립해야 할 수도 있다. 따라서 확정된 단위 작업별로 필요한 시간을 측정할 수는 있어도 전체 작업을 언제까지 끝내겠다고 확정하기가 쉽지 않다. 즉 전체 프로젝트의 타임라인이 그다지 명확하지 않은 것이다. 그래서 애자일 개발 방법론은 성공적인 프로젝트를 만들기 위한 '모범답안'으로 인식되고 있지만 실제 현실에서는 스타트업들도 쉽게 실천하지 못하는 어려운 방법론이다. 아무리 스타트업이라고 하더라도 애초부터 실험하고 실패하고 다시 실험하는 방법으로 길을 찾아가겠다고 생각하는 것 자체가 쉽지 않기 때문이다. 그런데 정부 프로젝트들이 바로 이 방법론을 실행하고 있었던 것이다.

문헌 조사를 할 때 이들의 진행 방식이 뭔가 좀 다르다는 것을 느꼈다. 실제 현장을 방문해서 담당자들의 이야기를 직접 들으면서 이들이 애자일 방식을 사용한다는 사실을 확인할 수 있었다. 우리가 방문한 네덜란드의 블록체인 민관협력단체인 더치블록체인연합DBC, Dutch Blockchain Coalition[9]은 애자일 방법론의 대표적 사례인 스크럼 보드판으로 프로젝트의 진행을 관리하고 있었다. 더치블록체인연합은 네덜란드의 15개 기업들, 법무부와 경제부를 비롯한 5개 부처들, 그리고 학계까지 총 35개 멤버가 참여한 민관협의기구다.[10] 더치블록체인연합의 사무국장 프란츠 반 에테Frans van Ette는 더치블록체인연합이 하는 일들을 소개한 후 어떻게 진행되는지 보여주겠다고 했다. 그가 안내한 곳은 사무실 한쪽 벽 전면을 차지하며 빼곡하게 붙어 있는 포스트잇으로 만들어진 스크럼 보드[11]판이었다(그는 이것을 꼭 소개하고 싶었던 듯이 인터뷰 중간 중간 이 벽을 가리켰다).

프란츠 반 에테는 더치블록체인연합의 목표는 첫 번째(이 책의 2장에서 본격적으로 다룰) 자기주권 신원정보 콘셉트에 기반한 디지털 아이덴티티의 구현하는 것, 두 번째 블록체인에 필요하는 것이 무엇인

스크럼 보드판 앞에서 전체 프로젝트의 진행 현황을 설명하고 있는 프란츠 반 에테. 스크럼 보드판은 애자일 개발 방법론에서 각 단위 작업들과 전체 작업의 진행 현황, 새로 제기되는 이슈, 해결된 이슈 등을 한눈에 볼 수 있도록 만든 프로젝트 관리 시각화 기법이다. (사진 ⓒ 전명산)

지를 파악하는 것, 세번째 사람들이 새로운 기술과 환경을 받아들일 수 있는 분위기를 조성하는 것이라고 설명했다. 그리고 이 세 가지 업무의 진행 현황들은 프란츠 반 에테가 안내한 스크럼 보드판 위에 한눈에 들어오도록 일목요연하게 정리되어 있었다. 또한 새롭게 등장한 이슈나 해결해야 하는 사항들은 의사결정을 위해 대기하는 영역에 배치되어 있었고, 해결된 문제나 완료된 프로젝트는 벽면 끝에 '완료된 작업' 영역에 배치되어 있었다. 진행 중인 작업은 진행 단계별로 배치됐고 완료된 작업은 작업해야 할 목록에서 빠졌다. 애초에는 없었지만 새로 확인된 작업은 보드에 추가된다. 이처럼 유연하게 프로젝트가 진행되기 때문에 훨씬 더 현실에 부합하는 결과물이 나

스크럼 보드판 앞에서 프란츠 반 에테와 블록체인 디플로마 기자단이 함께 찍은 기념 사진. 사진에서 보는 것처럼 스크럼 보드판은 벽면 하나 전체를 차지하고 있었기에 복잡한 프로젝트의 전체 개요 및 진행 현황을 한눈에 파악할 수 있었다. (사진 ⓒ 허경주)

온다. 다만 단점이라면 계획과 일정을 미리 확정할 수 없다는 점이다. 그러나 쓸 수 없거나 단지 검수만을 위한 결과물이 나오는 것보다 시간이 조금 더 걸리더라도 쓸 수 있는 무언가를 만들어낼 가능성을 훨씬 높여준다는 측면에서 보면 결코 단점이라고 말할 수 없다. 우리가 '일정'이라는 고정관념에서 벗어나기만 한다면 말이다.

3
우리는 일정이 없어요!

 이와 관련하여 네덜란드 내무부 국가신원정보국 전략자문인 프란스 라이커스Frans Rijkers로부터 "우리는 정해진 일정이 없다."[12]라는 말을 들었을 때 귀를 의심하지 않을 수 없었다 정해진 일정이 없다고? 그럼 정부가 어떻게 굴러가지? 과거의 경험과 기억들이 머리를 스쳐 지나갔다. 필자가 몇 번 참여해본 관공서 프로젝트 경험에 비추어보건대, 한국정부가 발주하는 공공 프로젝트에서 '일정'은 생명이다. 그 '일정'도 프로젝트를 구현하기 위해 오롯이 할당된 일정이 아니라 '검수'를 받기 위한 일정이다. 한국의 공공 프로젝트들은 마감 시간이 제일 중요하다. 결과물의 품질이나 정말로 중요한 기능이 제대로 구현되었는지는 그다지 중요하지 않다. 마감 시간이 정해져 있기에 그전까지는 무슨 수가 있더라도 프로젝트를 마쳐야 한다. 마감을 맞추지 못하면 발주한 담당자가 책임 추궁을 당하기 때문이다. 게다가 한국정부가 진행하는 프로젝트들의 시계는 모두 1년 단위의 정부 회계장부에 맞추어져 있다. 모든 작업은 검수 보고서를 만들기 위해 12월 초에는 끝나야 한다. 심지어는 8개월짜리 프로젝트를 진행하기 위해 3월에 발주를 냈는데 심사기관의 반려 및 몇 번의 유찰로 7월에 겨우 계약되어 단지 4개월 남짓의 개발 시간만 남은 경우에도 12월 초에 끝나야 한다.

이와 같은 '마감 최우선주의'는 1년 단위 프로젝트만이 아니다. 수년에서 십수 년간 일관된 계획을 가지고 가야 할 거대 공공 프로젝트에서도 마찬가지다. 최근 스마트시티 마스터 플래너를 맡은 정재승 카이스트 교수는 수백 년의 시간을 고려해야 할 스마트시티 프로젝트를 설계하는 작업에 "첫 입주자가 이번 정부 내에 나와야 한다"며 일정을 강요하는 정부 관료의 행태를 꼬집은 바 있다.[13]

정부 부처들이 어떤 프로젝트 계획을 발표할 때 서비스 오픈 일정을 대대적으로 홍보하는 관행 역시 서비스 품질, 서비스 완성도, 사회의 수용 가능성 등을 무시하고 오로지 일정과 마감 중심으로 프로젝트를 '쪼게' 만드는 중요한 요인이다. 언론에 서비스 개시 일정을 대대적으로 보도해놓았으니 중간에 어떤 이슈가 생기든 일정을 맞춰야 하는 압력을 스스로 자초하는 것이다. 결국은 프로젝트 중간에 발생한 이슈나 프로젝트 중간에 발견된 새로운 요구 사항 등 어쩌면 해당 프로젝트의 애초 목적이나 최종 결과물의 쓸모에까지 영향을 미칠 수 있는 중요한 요인들은 무시된다. 이렇게 프로젝트 중간에 대두되는 이슈들을 무시하고 마감에 맞추어 종료한 프로젝트들은 대부분 프로젝트 종료와 함께 오픈되었다가 조용히 사라진다. 아무도 쓰지 않기 때문이다.

　이렇게 말도 안 되는 프로젝트 관리 문화가 만들어내는 폐해는 엄청나다. 일단은 프로젝트 준비를 위한 조사와 협의 기간이 대폭 줄어들고, 정책 정리와 기획과 개발이 동시에 진행된다. 당연히 아귀가 맞을 리 없다. 중요하지만 시간이 많이 걸리고 복잡한 기능은 일정을 맞추기 위해 단순화되거나 생략된다. 이런 상황에서 제대로 작동하는 기술을 구현한다거나 혹은 보다 편리한 사용자 인터페이스UI를 고려하는 건 사치일 뿐이다. 겨우 개발을 완료해 간신히 작동하는 기능을 구현해놓고 검수받으면 그것으로 끝이다. 이러한 환경에서는 품질을 기대할 수 없다. 담당 공무원들을 욕할 수도 없다. 일정이 어긋나면 담당 공무원이 온갖 책임을 다 져야 하기 때문이다. 그러다 보니 프로젝트를 끝내고 잔금을 받아야 회사를 유지할 수 있는 개발사와 감사에 걸리지 않게 일정 내에 프로젝트가 마무리되도록 관리해야 하는 담당 공무원의 암묵적 타협에 의해 프로젝트의 핵심 요소와 기능이 겉핥기로 마무리되는 경우가 종종 발생한다. 한국이 그동안 엄청나게 많은 공공 자원을 전자정부와 IT 서비스 구축에 할당했음에도 불구하고 전자정부 수준이 이 모양인 건 작금의 정부 프로젝트 관행에 기인하는 측면이 적지 않을 것이다.

　정부 프로젝트라는 것들이 다 거기서 거기겠지 하는 생각을 가지고 있던 차에 정부에서 일정 없이 프로젝트를 진행한다는 말을 들으니 깜짝 놀랄 수밖에 없었다. 그런데 다시 생각해보면 블록체인과 같은 실험적인 프로젝트에서 일정을 박아놓고 작업을 진행한다는 것 자체가 넌센스다. 당장 블록체인도 핵심 모듈인 컨센서스 알고리즘 원천기술만 20여 개가 넘는다. 이 알고리즘들의 특성, 활용 방법, 적합한 사용처 등에 대해 잘 아는 사람이 많지 않기 때문에 최악의 경우에는 어느 알고리즘이 어느 프로젝트에 적합한지 각 알고리즘들을 직접 연구하고 테스트 네트워크를 돌려보면서 프로토타입을 만들어서 검증해야 할 수도 있다. 통상 전문 업체들을 발굴해서 함께 작업을 하기는 하지만 막상 만들어놓은 결과물이 예상과 다를 수 있기 때문이다. 또한 특정한 블록체인 알고리즘을 선택했다고 하더라도 해당 알고리즘의 장단점을 제대로 파악하는 작업도 만만치 않다. 블록체인 기술은 엄청난 속도로 발전하고 있기에 최근에 나온 더 나은 기술은 무엇인지도 확인해야 한다. 자칫 알고리즘 선택을 잘못하면 성능이나 보안에서 문제가 발생할 수도 있기 때문이다. 한 번 알고리즘을 선택하면 그것을 뒤엎고 새로운 알고리즘으로 갈아타는 일도 그다지 쉽지 않다.

프로젝트 총괄 담당 공무원이 IT 기술에 대한 전문성이 있다고 하더라도 블록체인 기술은 거의 예외 없이 처음 접하는 기술이기에 경험을 쌓을 시간이 필요하다. 제대로 된 판단을 하기 위해서는 먼저 학습할 시간이 필수적으로 필요한 상황이다. 따라서 제대로 방향을 잡기 위해서는 한두 번의 실패는 당연한 것이라고 상정하고 시작해야 한다. 결국 이 모든 과정들은 '실패할 수도 있는' 시간이 필요하다. 필자가 보기에 하나의 블록체인 프로젝트가 성공적으로 현실에 도입되기 위해서는 최소 2~3년 정도의 시간을 잡고 연구 및 조사과정을 거쳐 두세 번의 프로토타입을 해봐야 한다. 그렇게 해도 정답을 찾아내기는 쉽지 않을 것이다. 사정이 이러한데도 무조건 올해 말 검수 및 오픈을 목표로 프로젝트를 진행한다면 그 결과는 뻔하다.

4
정부의 역할은 무엇인가?

필자는 네덜란드, 독일, 에스토니아 3국을 돌아다니면서 한국정부와 같은 관료적 느낌을 받지 못했다. 네덜란드 관리에게선 공식적으로 "일정이 없다"는 표현을 들었다. 블록체인 엑스포 유럽 2018 콘퍼런스에서 자랑스럽게 "우리는 진짜 해냈어요!"라고 자랑하던 스웨덴의 매트 슈넬은 아주 당연하다는 듯이 "이후 계획은 아직 모르겠다."고 말했다. 사업 완료 발표, 사업 성공 발표회에서 응당 그럴듯한 미래 설계도를 내놓아야 하는 한국의 분위기와는 사뭇 다른 문화를 느꼈다. 독일은 블록체인 협회 관계자들과 정부 및 각 정당의 블록체인 담당자들이 일주일에 몇 번씩 미팅을 하며 현안을 논의한다고 했다. 에스토니아의 전자영주권 프로그램을 담당하는 28세의 카스파르 코르유스는 본인을 에스토니아 정부 내에서 앙트레프레너Entrepreneur 역할을 맡고 있다고 소개했다. 아니, 필자가 본 에스토니아는 카스파르 코르유스만이 아니라 정부 자체가 하나의 스타트업처럼 판단하고 실행[14]하고 있었다. 이처럼 블록체인 선도 국가들에서 진행되는 블록체인 사업들은 영리하고 기민한 스타트업이 움직이는 것보다 더 스타트업스럽게 진행되고 있다.

블록체인 디플로마 기자단이 3개국을 돌아다니면서 공통적으로 질문했던 것 중 하나는 "정부의 역할은 무엇인가?"였다. 그리고 이 질문에 대한 대답은 대부분 정부의 역할은 기업이나 민간의 활동을 돕는다는 말이었다. 정부는 "기업들이 아이디어를 가져오면 그 아이디어를 실행할 수 있도록 자금을 지원하거나 그에 맞는 제도나 법 개선에 나서는 역할을 해야 한다"는 것이 한결같은 대답이었다.[15]

최근 한국에서 규제 개혁에 대한 목소리가 높다. 만약 우리가 제대로 된 규제 개혁을 하고자 한다면 공공 프로젝트에서 정해진 기간 내에 만들어지는 완제품이 아니라 일정에 구애받지 않고 프로토타입을 반복적으로 실험해볼 권리, 완제품이 아니라 실패한 경험 자체를 결과물로 제출하고 공유할 수 있는 권리, 실패한 프로젝트 담당자가 다시 그 프로젝트를 실행해볼 기회를 허용하는 것이 필요하지 않을까? 세계 각국에서 4차 산업혁명과 관련된 부분에 '샌드박스Sandbox' 정책을 도입하는 것은 우연이 아니다. 아무도 그 영역의 정답을 모르기 때문이다. 더 정확하게는 마치 비트코인이 블록체인 기술이 작동한다는 것을 증명했던 것처럼 누군가 결과물을 만들어내서 현실에서 돌아간다는 것을 눈으로 증명하기 전까지는 아무도 정답을 모르기 때문이다. 빅데이터와 인공지능 그리고 블록체인으로 만들어질 새로운 사회 인프라를 활용해서 우리가 어떻게 사회를 바꾸어나

갈 수 있는지는, 결국 실험하고 실패하고 도전하는 과정을 반복해봐야 알 수 있기 때문이다.

가이사의 것은 가이사에게, 개인정보는 개인에게

GDPR 시대의 블록체인 기반 개인 신원정보 관리 시스템

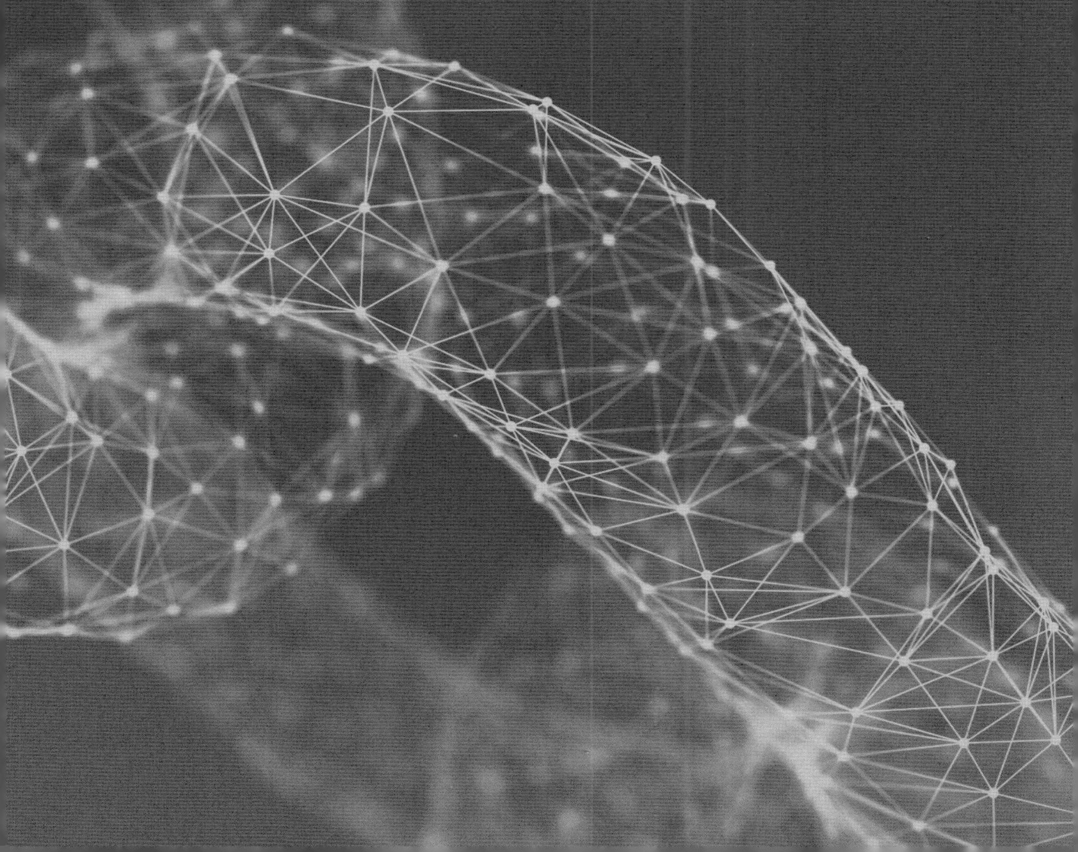

1
네덜란드 정부, 신원정보 독점권을 놓다

네덜란드는 2016년부터 25개의 정부 부처에서 총 35개의 블록체인 시범 사업을 진행해왔다. 현재는 숫자가 조금 더 늘어나 약 40개의 파일럿 프로젝트를 진행 중이다. 네덜란드는 2016년에 1단계 프로토타입을 완료하고 2017년 2단계 프로토타입을 진행했다. 이 프로젝트들 중 2017년 11월까지 30여 개가 파일럿 프로그램 개발을 완료했다. 더치블록체인연합의 사무국장 프란츠 반 에테는 네덜란드가 특별히 많은 블록체인 프로젝트를 하는 것에 대해서 자국에서 가장 중요한 산업이 무역, 물류, 금융, 식료품인데 이 영역들에 블록체인이 상당히 유용하기 때문이라고 소개했다.[16] 특히 네덜란드는 해수면보다 육지가 낮은 땅이 많아서 여러 사람들이 힘을 합쳐 풍차를 만들던 협동 문화가 있는데 이러한 문화가 블록체인의 정신과 유사하기 때문에 블록체인 기술에 상대적으로 친숙하다는 말도 덧붙

네델란드 정부가 시도하고 있는 자기주권 신원정보 시스템에 사용되는 블록체인 기술 트러스트체인의 개념과 구조를 설명하고 있는 프란스 라이커스 (사진 ⓒ 전명산)

였다.

 이 많은 프로젝트 중 네델란드가 심혈을 기울이는 프로젝트 중 하나가 바로 개인 디지털 신원정보ID 관리 시스템이다. 프란츠 반 에테도 이 프로젝트가 더치블록체인연합의 핵심 사업이라고 언급한 바 있다. 네델란드가 구현하는 이 프로젝트가 의미심장한 이유는 국가의 개인 신원정보ID 관리 시스템에 대한 지금까지의 고정관념을 파괴하기 때문이다.

 네델란드 내무부 국가신원정보국 전략자문 프란스 라이커스Frans Rijkers는 이 시스템에서 개인정보 자체를 국가가 보관하지 않는다고 소개했다. 이 시스템의 기본 구조는 원칙적으로 개인정보는 개인의 것이고, 개인이 직접 자기 정보를 관리하도록 하겠다는 것이다. 그는 이 시스템을 '자기주권 (디지털) 신원정보Self-sovereign digital identity or self-sovereign identity'[17]라고 소개했다. 자기주권 신원정보란 크리스토퍼 알렌Christopher Allen이 2016년에 처음 제시한 개념[18]으로 개인정보에 대한 관리 및 통제권을 애초 소유주인 개인에게 돌려주어야 한다는 주장이다. 한국에서는 블록체인 기술 전문회사 코인플러그가 발의한 메타디움[19]이라는 프로젝트가 자기주권 신원정보 시스템을 개발하고 있다. 마이크로소프트 역시 자기주권 신원정보 서비스 개발에 뛰어들었다.

내가 '나'라는 사실을 나는 어떻게 증명할까? 통상 우리는 주민등록증이나 운전면허증을 제시함으로써 내가 '나'라는 사실을 증명한다. 주민등록증은 국가가 인증한다. 즉 국가가 인증하지 않으면 나는 내가 나라는 사실을 증명할 수 없다. 나를 낳은 부모님들도 마찬가지다. 국가의 인증이 없으면 나를 낳은 엄마 아빠도 내가 나라는 사실을 공식적으로 증명하지 못한다. 법적으로 국가가 부모의 주장을 인정하지 않겠다고 하면 나를 낳은 부모도 달리 방법이 없다. 내가 오프라인에서 직접 알고 있는 소수의 사람들을 제외하고 내가 나인 것을 누군가에게 증명하려면 주민등록증, 운전면허증, 사회보장번호 같이 국가 혹은 국가에 준하는 공공기관들이 인증해준 서류가 필수적이다.

21세기 전까지는 통상 개인정보를 국가가 수집하고 관리해왔다. 국가는 해당 국가에 속한 국민들의 개인정보에 대해 특수하고 예외적인 독점권을 가지고 있다. 이것은 제대로 된 국가 시스템이 작동하는 나라라면 거의 예외가 없다. 그리고 21세기에 이르러서는 국가들만이 아니라 마이크로소프트, 구글, 아마존, 페이스북 등 닷컴 버블 이후로 성장한 거대 IT 기업들이 개인 신원정보 및 개인의 활동정보를 방대하게 축적하고 이를 분석한 데이터를 기반으로 거대한 비즈니스를 구축해왔다. 이 과정에서 정작 해당 정보의 소유자이자 데이터의 1차 생산자인 개인들은 단순히 정보와 데이터를 제공하는 수동적인 지위에 머물렀을 뿐이다.

아니, 그저 수동적인 지위에만 머무르는 것이 아니다. 페이스북은 타임라인에 콘텐츠를 노출하는 알고리즘을 변경함으로써 사용자들의 감정을 조절할 수 있다는 사실을 실제 테스트로 확인한 바 있다.[20] 즉 개인들은 개인정보에 대한 통제권을 잃어버림으로써 거대 플랫폼 기업들이 알게 모르게 행하는 조작의 희생자가 될 가능성에 노출되어 있는 것이다. 이런 환경에서 사용자들이 할 수 있는 것이라고는 거대 플랫폼 기업들이 '악마가 되지 않기Don't be Evil'를 바라는 것뿐일 것이다. 또한 사회 정보 관리 시스템이 디지털 환경으로 바뀌면서 이렇게 축적해놓은 데이터가 대량 해킹당하거나 개인의 의지와 전혀 상관없이 혹은 개인의 의지에 반하는 기업에 대량으로 팔려나가는 일들이 빈번하게 발생한다.

한국의 경우는 더 심각하다. 정부만이 아니라 은행, 보험사, 증권사, 통신사, 병원, 포털, 대형 마켓, 기타 인터넷 서비스 업체 등 어느 정도 규모가 되는 사업체들은 너나 할 것 없이 대규모의 개인정보를 수집하여 관리하고 있다. 이 회사들이 관리하는 개인정보는 종종 알게 모르게 해킹되거나 혹은 어둠의 경로로 유통되고 있다. 한국은 이미 전 국민의 주민등록번호를 포함한 개인 신원정보가 전 세계인의

'오픈소스 데이터'가 되어 돌아다니고 있다. 주민등록 체계를 전면적으로 개편하고 관리 방식을 변경해야 한다는 문제제기가 오래 전부터 있었지만, 아직 제대로 된 논의조차 못하고 있다.

  네덜란드가 시도하는 자기주권 신원정보 시스템은 나 아닌 제3자가 나의 개인정보를 생산하고 관리하고 활용해왔던 기존의 통념을 뒤집는 것이다. 이 시스템의 목표는 전세계 어디에서나 사용할 수 있는 여권과 동일한 지위와 기능을 하는 디지털 신분 증명 시스템을 제공하는 것이다. 이 시스템에는 국적, 출생지, 나이, 증명사진, 아이디(일련 번호), 학력, 자격증 등 온갖 개인정보들이 저장된다. 이 개인정보들은 다른 어디에도 저장되지 않고 오직 휴대폰, 태블릿이나 PC와 같은 개인 소유의 디지털 장비에 암호화되어 저장된다. 그리고 디지털 장비에 담긴 정보는 지문, 얼굴, 홍채 인식 등과 결합되어 오직 본인만이 접근할 수 있다. 물론 정부가 개인정보의 유효성을 관리하기는 한다. 정부는 각 개인이 보관하는 개인정보의 해시 hash값을 정부가 운영하는 블록체인에 저장하여 해당 개인정보가 진짜인지, 위조되지는 않았는지 진위 여부를 판별할 수 있는 서비스를 제공한다. 그러나 블록체인에는 오직 해시값만 저장되기 때문에 개인정보 자체는 본인이 공개하지 않는 한 정부도 알 수 없다.

  이 서비스에 대한 설명을 들었을 때 필자는 먼저 귀를 의심했다. 개인정보를 개인이 보관하고 관리한다고? 일단 개인에게 자신의 개인정보 관리를 맡긴다는 발상 자체가 낯설었다. 우리는 우리 자신에 대한 신원정보, 보험 등록 정보, 학력 정보, 경력 정보 등을 모두 우리 외부에 있는 외부 기관들이 소유하고 관리하고 인증해주는 것에

개인 신원정보 관리 시스템 프로토타입을 보여주며 설명하고 있는 프란스 라이커스. 2018년 6월 25일 헤이그 네덜란드 정부청사. (사진 ⓒ 허경주 기자)

아주 익숙하다. 인류가 문명을 만들어왔던 1만 년의 시간 동안 국가 시스템이 발전해오면서 국가는 끊임없이 개인들의 신원정보를 관리하는 방법과 기술을 개발해왔다. 근대국가에 이르러서는 동서양을 막론하고 국가가 모든 개인의 신원정보를 직접 생산, 보관, 관리하고 이에 대한 인증 책임까지 지는 것이 당연시되어 왔다. 그런데 개인정보 자체를 국가가 보관하고 관리하지 않는다니?

개인 신원정보 관리에 블록체인 기술을 도입하는 데 있어 꼭 위와 같은 방식을 채택해야 하는 것은 아니다. 지금의 주민등록증과 비슷한 개인정보 관리 시스템을 통해 개인들의 개인 신원정보 전체를 국가가 일괄 보관하고 블록체인을 활용하여 해당 정보의 위변조 가능성 및 탈취, 오용 가능성을 차단하는 방식도 얼마든지 가능하다. 에

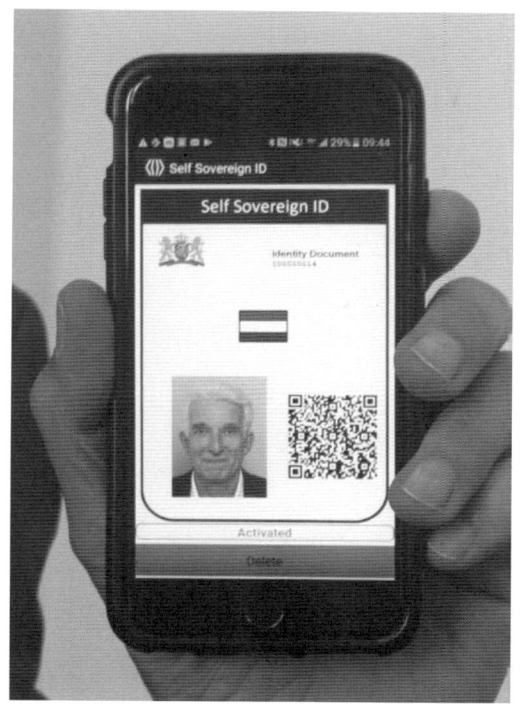

네덜란드의 블록체인 기반 ID 관리 시스템 프로토타입 앱 화면. 2018년 6월 25일 헤이그 네덜란드 정부청사. (사진 © 허경주 기자)

스토니아는 정확하게 이 방식으로 현재의 e-ID 시스템을 운영하고 있다. 그런데 왜 네덜란드는 개인 신원정보를 국가가 관리하지 않고 개인에게 돌려주는 파격적인 방식을 채택했을까? 이에 대해 프란스 라이커스는 세계 어디서나 사용할 수 있는 신원정보 관리 시스템을 구축하기 위해서라고 설명했다.[21]

프란스 라이커스에 따르면, 현재의 신원정보 관리 시스템은 종이에 적힌 정보를 디지털로 변환하고 인증까지도 디지털화하기는 했다. 하지만 이제는 이것만으로는 부족하다. 21세기의 시민들은 하나의 국가가 아니라 전세계를 돌아다니기 때문이다. 또한 신원 증명은 공공 서비스만이 아니라 민간 서비스를 사용할 때도 점점 필수적인 항목이 되어가고 있다. 프랑스 라이커스는 따라서 개인을 따라다니며 개인이 필요할 때 자신의 신원정보에 즉시 접근할 수 있는 시스템이 필요하다고 말한다. 신원 확인이 필요할 때 혹은 자격 증명이나 경력 증명을 할 때마다 어딘가에 있는 기관을 일일이 찾아가서 받아야 한다는 것 자체가 불편하기 때문이다. 해외 여행을 갔는데 여권을 잃어버렸다는 상상을 해보면 그 불편함의 정도가 어느 정도일지 짐작이 될 것이다.

2
자기주권 신원정보 시스템이란?

네덜란드가 파일럿으로 만든 신원정보 관리 시스템은 대략 이렇게 작동한다. 네덜란드의 디지털 ID 서비스를 이용하기 위해서는 우선 현재의 내 신분증과 신원정보 관리용 앱을 설치한 스마트폰 그리고 동사무소나 구청과 같은 관공서의 인증이 필요하다. 관공서에서 내 신분을 인증해주면 스마트폰에는 내 정보가 저장되고 블록체인에는 내 정보의 해시값이 기록된다. 이렇게 스마트폰에 개인정보를 저장하고 블록체인에 해당 해시값을 등록하고 나면 필요할 때마다 스마트폰의 정보를 보여주면 된다. 예를 들어 만약 술을 사고 싶은데 점원이 신분증을 보여달라고 하면 스마트폰을 꺼내서 신원정보 관리 앱을 열고 생체 인증을 한 후 나이 정보를 출력하도록 설정한다. 그러면 해당 앱에서 QR코드가 생성되고 점원이 전용 스캐너로 QR코드를 읽어들이면 술을 살 자격이 있는지 없는지가 확인된다. 이때 QR코드로 데이터를 읽어들인 후 정부가 관리하는 블록체인의 해시값과 앱이 제시한 해시값을 비교해서 일치하는지, 즉 신원 정보의 위변조가 없이 원본 정보와 동일한지 여부를 확인하는 과정이 진행된다.

그런데 여기서 점원에게 전달되는 정보는 내 나이나 생년월일 정보가 아니다. 내가 술을 살 수 있는지에 대해서 '예·아니오' 정보만 알려준다. 사실 술을 팔 때 점원이 알아야 하는 것은 '팔 수 있는지 아닌지'의 여부이지 내 나이나 생년월일이 아니다. 기존 종이 등에 직접 문자로 기록된 신분증 구조는 무엇인가 자격을 확인하기 위해 자격 확인과 무관한 정보들을 어쩔 수 없이 노출할 수밖에 없었다. 반면 이 시스템은 개인정보를 인증할 때 인증하는 목적에 필요한 정보만을 노출한다. 개인정보에 대한 직접적인 노출을 최소화한 것이다. 또한 QR코드는 마치 OTP 카드의 숫자가 일정 시간마다 변경되는 것처럼 5초마다 바뀌도록 해놓아 보안을 더욱 강화했다.

만약 여기에 결제 모듈이 바로 연결된다면 어떻게 될까? 아마도 별도의 로그인 절차 없이 신원 인증부터 결제까지 한 번에 처리되도록 구축할 수도 있다. 더 나아가 이 구조를 활용한 온라인 상품구매 서비스를 구축한다면 개인은 로그인 없이 바로 상품 구매 페이지에서 바로 개인 인증 및 결제 처리를 한 후 배송 정보까지 한 번에 전달되도록 할 수도 있을 것이다. 또한 지금까지 쇼핑몰에서만 보관하던 나의 상품 구매 이력을 내 스마트폰에 차곡차곡 쌓을 수도 있을 것이다. 즉 개인정보를 개인이 보관하면서 개인의 활동 이력과 구매 이력까지 모두 내 스마트폰에 저장할 수 있는 서비스가 가능해진다. 지금은 나 이외의 인터넷 기업들이 보관하는 내가 만들어낸 정보들을 내 스마트폰에 저장하고, 내가 필요할 때 활용하거나 혹은 취향 정보나 활동 이력 등을 원하는 기업들에게 판매하는 모델까지도 가능해진다.

이 목표를 달성하기 위해 네덜란드가 구현하고 있는 시스템은 개인정보의 소유권과 관리권한을 개인에게 돌려주겠다는 목표만큼이나 실험적이다. 이 파일럿 서비스를 구축하기 위해 네덜란드는 3차원으로 얼굴을 인식할 수 있는 아이데미아Idemia[22]의 생체 인식 기술과 더불어 네덜란드의 델프트 공대TU Delft[23]에서 개발한 블록체인 기술인 트러스트체인Trustchain을 채택했다. 트러스트체인은 '체크 포인트 컨센서스checkpoint consensus'라는 독특한 알고리즘을 사용한다. 트러스트체인에서는 모든 개인들이 각자 하나씩 자신만의 블록체인을 가지고 있다. 내가 맨 처음 관공서에 가서 디지털 신원정보를 등록하면 관공서에서 인증한 내 신원정보의 해시값이 등록된 나만의 첫 번째 블록Genesis Block이 만들어진다. 이후 내 신원정보에 변화가 있을 때마다 나만의 블록체인에 새로운 블록이 성성된다. 이때 새롭게 만들어지는 블록은 내 신원정보의 변화를 인증해준 기관의 블록체인과 연결된다. 즉 만약 내가 결혼을 했다면 스마트폰 앱에는 결혼 정보를 담은 새로운 신원정보가 업데이트되고 내 블록체인에는 나의 결혼을 증명해주는 관공서의 인증이 결합된 최신 블록이 만들어지는 것이다. 만약에 은행으로부터 신용정보를 업데이트받았다면 새로 만들어진 블록은 신용정보를 인증해준 은행의 블록체인과 연결된다. 학교에서 졸업장을 받았다면 졸업장 정보가 내 폰의 앱에 업데이트

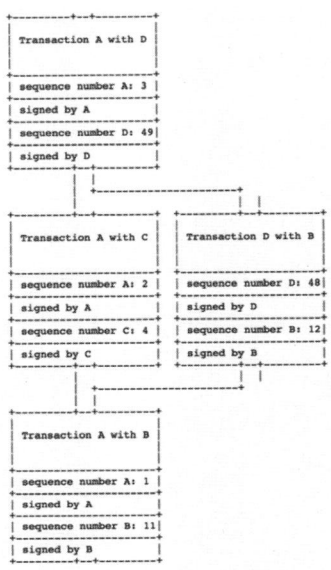

트러스트체인의 블록 구조 (출처: 트러스트체인 포로토콜[24])

되고, 내 블록체인에는 졸업장을 발급한 학교의 블록체인과 연결된 새로운 블록이 만들어진다(네덜란드 공공 블록체인 프로젝트를 총괄하고 있는 마를로스 폼프에 의하면 네덜란드는 벌써 2개 대학과 함께 학위나 졸업장을 블록체인에 연결하는 작업을 진행하고 있다). 이처럼 각 개인의 블록체인들은 신원정보에 변화가 있을 때마다 블록이 새로 만들어지는데 이 블록은 변경된 정보를 인증해준 기관들이 관리하는 블록체인과 연결고리checkpoint를 갖는다. 일반적인 블록체인의 개념에서 블록은 통상 직전 블록과 단 하나의 연결고리를 가지는 긴 사슬 모양이었다면, 트러스트체인은 마치 나무 여러 개가 가지를 치고 확장하면서 가지들이 얼기설기 엮이는 것처럼 그물망 형태의 블록체인이 만들어지는 것이다.

이것은 최근 이오타[25] 때문에 유명해진 다그DAG[26] 구조 블록체인의 일종으로 볼 수 있다. 트러스트체인은 이오타와는 다르게 개인별 블록체인이라는 콘셉트를 도입하여 여러 개의 개별 블록체인들이 상호 인증하는 방식으로 보안성을 확보한 것이다.

프란스 라이커스에 따르면, 기존의 블록체인으로는 신원정보 관리 시스템을 구축하는 것이 쉽지 않아 여러 기술들을 탐색하던 끝에 이 기술을 채택했다고 한다. 그들은 여러 가지 기술을 탐색해서 개인정보 관리에 적합한 블록체인 구조를 찾아낸 것이다. 이들의 실험은 여기서 멈추지 않는다. 위에서 설명한 '술을 살 수 있는가 없는가?'라는 질문에 나이나 생년월일이 아니라 '예·아니오'라는 결과값을 주기 위해서, 즉 직접적인 개인정보 노출을 최소화하면서 동시에 필요한 정보를 출력하기 위해서 영지식 증명Zero-Knowledge Proof이라는 최신 암호학 기술을 사용했다. 영지식 증명은 위에서 예로 든 '술을 살 수 있는가 없는가?'라는 질문에 대해서 개인정보를 노출하지 않고 단지 '예·아니오'와 같은 결과값만을 제공해줄 수 있는 암호학 기술이다. 이와 비슷한 역할을 할 수 있는 기술로 멀티 파티 컴퓨테이션Multi Party computation[27], 호모모르픽 엔크립션 알고리즘Homomorphic Encryption Algorithm[28] 등이 있다. 이 세 개의 기술들은 모두 한참 개발 중인 최신 암호학 기술이다.

예를 들어 어떤 사람이 집을 산다면 그 사람의 재산이 집을 살 수 있는 만큼의 재산이 있는지 없는지 계산할 때 혹은 대출을 받는 경우 이 사람이 1,000만 원의 대출을 받을 수 있는 신용이 있는가 없는

가를 계산할 때, 지금까지는 은행잔고를 직접 까보이거나 혹은 집문서, 땅문서, 정기적금, 자동차 종류, 소득 수준 등 신용과 관련된 온갖 개인정보들을 다 제출해야 했다. 영지식 증명을 사용하면 이런 질문에 대해 시스템이 계산한 후 '예·아니오'의 결과값만 제공할 수 있도록 시스템을 구축할 수 있다. 즉 개인정보의 직접적인 노출은 최소화하면서도 자격 확인이나 인증에 필요한 최소한의 정보만을 제공할 수 있는 것이다. 그러나 영지식증명은 아직 완전하게 개발된 암호학 방법론이 아니고 현재도 한참 연구와 개발이 진행 중인 기술이다. 그런데 네덜란드 정부는 과감하게 이 기술을 시도했다.

만약 휴대폰을 잃어버리면 어떻게 할까 하는 의문이 들었다. 프란스 라이커스는 현재는 파일럿을 만드는 작업이기에 가장 활용하기 쉬운 스마트폰을 1차 적용 대상으로 선정했다고 설명했다. 개인정보는 휴대폰 분실 등에 대응하기 위해서라도 여러 곳에 동시에 보관할 수 있도록 기능을 업그레이드할 예정이라는 것이다. 더 나아가 개인 기기가 해킹되어 개인정보가 유출될 가능성을 원천적으로 차단하기 위해 IPFS_{InterPlanetary File System}[29]까지 고려하고 있단다. IPFS는 토렌트_{Torrent}[30]와 같은 P2P 기반의 분산 파일 시스템을 블록체인에서 사용할 수 있게 만들려는 목적으로 파일코인_{Filecoin} 프로젝트에서 개발하고 있는 새로운 분산 데이터 저장 기술이다. 아마도 IPFS와 네덜란드의 ID 관리 시스템이 성공적으로 결합된다면, 개인정보는 휴대폰에 저장되어 있는 것이 아니라 데이터 조각들이 잘게 쪼개져 인터넷의 어딘가에 존재하고 개인의 생체 정보가 확인되면 그제서야 쪼개진 조각들이 합쳐져서 내 개인정보가 복원되는 그런 시스템이 가능할 것이다. 이렇게 되면 개인의 생체 정보 없이는 개인정보에 접근할 방법이 원천적으로 차단된다.

3
정해진 일정이 없어요

 이 파일럿의 다음 단계는 작은 규모로 실제 세계에서 테스트해보는 것이다. 프란스 라이커스는 2018년 가을쯤 지방정부 두 곳 위트레흐트Utrecht와 아인트호벤Eindhoven에서 테스트를 진행한다고 했다. 또한 2019년 초에는 이 시스템을 네덜란드 스키폴 공항과 캐나다 토론토 공항에 설치하고 약 100여 명을 모집하여 양 공항 사이에서 스마트폰의 QR코드 하나로 발권과 입출국 수속을 처리하는 실험을 진행할 예정이다. 이미 캐나다와는 관련 협약을 맺어둔 상태다. 이웃나라인 벨기에와는 네덜란드가 개발한 모든 블록체인 프로젝트를 함께 진행하기로 협약을 맺었다. 나아가 유럽연합, 세계은행, 유엔 등과도 협력을 모색하고 있다.
 한편 2018년 5월 25일부터 시행된 유럽의 유럽 개인정보 보호법 GDPR, General Data Protection Regulation 가이드라인에 따르면 블록체인에 개인정보를 일체 담을 수 없게 되어 있다. 이에 따라 네덜란드는 새로 만든 신원정보 관리 시스템이 유럽 개인정보 보호법GDPR 규정에 맞는지 확인하기 위해 유럽연합에 질의를 해놓은 상태다. 더불어 이 시스템을 도입하기 위해 필요한 여러 가지 법적 장치를 마련해 현실 도입에 따른 부작용 최소화 등을 위한 작업도 병행하고 있다.

언제쯤 정식 서비스가 시작될 것 같냐는 질문에 프란스 라이커스는 "정해진 일정이 없다"고 답변했다. 충분히 완성되었다고 생각될 때 정식 오픈하겠다는 것이다. 공공 서비스에서 일정을 정해두지 않고 프로젝트를 진행한다는 말에 필자뿐만 아니라 같이 간 기자들이 모두 깜짝 놀랐다. 프란스 라이커스는 일정을 정하지 않은 이유에 대해 이미 10여 년 전에 전자투표 시스템을 도입했는데 아무도 사용하지 않아 결국 시스템을 폐기한 경험 때문이라고 했다. 시스템을 구축하는 것도 중요하지만 현실에 안착할 수 있도록 잘 준비하는 것도 대단히 중요하다고 덧붙였다. 이러한 상황에서 일정을 박아놓고 프로젝트를 진행하면 결국 문제가 발생한다는 것이다. 그래서 언제 오픈하겠다는 일정을 잡지 않고 개발을 진행하고 있다. 그러면서도 그는 이 시스템이 네덜란드를 넘어서 유럽연합 그리고 글로벌에서 사용되는 서비스가 되기를 기대하고 있다는 것을 감추지 않았다. 그의 선견지명이 통한 것일까? 유럽연합에서 블록체인의 도입을 촉진하기 위해 만든 '유럽연합 블록체인 관측 및 논의 기구EUBOF'는 2018년 12월 10일에 자체 발행한 보고서를 통해 자기주권 신원정보Self Sovereign Identity 시스템 도입을 적극 권장했다.[31]

필자는 네덜란드의 실험에 적극 동의하면서도 개인에게 개인정보를 맡기는 것이 과연 맞는 방향일까, 이 시스템이 과연 현실성이 있을까, 과연 국가가 스스로 자기 권력을 포기하는 시스템을 도입할 수 있을까 하는 여러 가지 의구심이 들었다. 그러나 이 의구심은 며칠 후 독일에서 독일블록체인연방협회의 요하임 로캄프 이사를 만났을 때 해소되었다. 그에 따르면 현재 독일 역시 블록체인 기반의 신원정보ID 관리 시스템을 준비 중인데 네덜란드와 마찬가지로 개인이 스스로 자신을 증명하는 방법을 고민하고 있다고 말했다. 사실 요하임 로캄프는 독일블록체인연방협회의 이사이자 욜로콤Jolocom[32]이라는 독일 블록체인 회사의 창업자이자 대표다. 그가 운영하는 회사 욜로콤이 바로 독일에서 자기주권 신원정보 시스템을 개발하고 있는 것이다. 독일 블록체인 산업은 정부와 블록체인 기업들이 긴밀하게 서로 진행되는 일들을 허심탄회하게 논의하고 있으며 긴밀하게 소통하면서 프로젝트를 진행하고 있다. 욜로콤의 자기주권 신원정보 시스템 역시 독일 정부와 긴밀한 소통 속에서 이루어지고 있다.

현재의 신원정보 관리 시스템하에서는 개인이 스스로 자기가 누구이고 어떤 교육을 받았고 어떤 경력이 있는지를 증명할 방법이 없다. 결국 증명이 필요할 때마다 제3자에게 의존해야 한다. 예를 들어 개인이 자신의 학력을 증명하려면 자신이 졸업한 학교에서 졸업 여부를 증명해주어야 한다. 지금까지의 우리에게는 지극히 당연하고 익숙한 시스템이다. 그런데 요하임 로캄프가 던진 질문 "개인정보는 개인의 것인데 왜 개인이 스스로 증명하지 못하느냐?"고 질문했다. 필자는 잠시 혼란스러웠다. 그러나 "해당 대학이 없어지면 혹은 너의 나라가 없어지면 너의 학력을 어떻게 증명하겠느냐?"는 반문에서는

난민 문제는 유럽 국가들이 공통적으로 겪고 있는 문제이다. 유럽의 여러 국가들이 난민 문제를 고려하면서 향후 국가의 개인정보 관리 방법을 고민하고 있다는 사실은 여러 가지 측면에서 인상적이다.

고개를 끄떡일 수밖에 없었다. 이러한 문제는 난민들에게 직접적으로 나타난다. 난민들은 국가 시스템이 망가진 결과 타국에서 자신들의 신분도 학력도 경력도 심지어 나이, 이름, 국적도 증명할 길이 없기 때문이다. 그런데 개인정보가 개인에게 오는 순간 외부 기관의 도움 없이 자신을 증명하는 것이 가능해진다.

개인정보를 개인에게 돌려주겠다는 발상 그리고 이를 구현하기 위한 시도는 네덜란드와 독일만이 아니다. 스페인의 자치정부(주) 중 하나인 카탈루냐의 수도 바르셀로나 역시 자기주권 (디지털) 신원정보를 구현하려고 시도 중이다. 시민이나 사용자에게 자신의 신원정보에 대한 소유권과 통제권을 주고 사용자가 개인정보를 사용하거나 제공하고 싶을 때 마음대로 할 수 있도록 하려는 것이다. 이처럼 유럽연합의 많은 국가들이 개인정보 관리에 대한 근본적인 혁신 방안을 고민하고 있다. 유럽 개인정보 보호법GDPR이라는 큰 가이드 아래에서 안전하고 미래 지향적인 해법들을 찾고 있는 것이다. 그리고 그 해답은 거의 블록체인으로 귀결되고 있다.

4
이미 시작된 국가의 탈중앙화

이러한 신원 증명 서비스가 보편화되면 어떻게 될까? 비록 종이 서류 혹은 기존의 종이 정보를 옮겨 담은 디지털 행정 정보는 여전히 한동안 정부기관에 남아 있겠지만, 블록체인 기반 신원정보ID 관리 시스템이 상용화되면 이전의 개인정보들은 단지 백업 자료로만 남아 있거나 혹은 시간을 두고 점차 사라지게 될 것이다. 지금까지 국가는 모든 국민들의 개인정보를 수집하고 취합하고 보관하고 관리해왔다. 이것은 전통적으로 국가의 역할에서 가장 큰 역할 중 하나였다. 정부와 공공기관 그리고 인증을 해줄 수 있는 관공서, 법원, 학교 등은 지금까지 개인정보를 생산, 변경, 갱신하는 것부터 해당 정보를 보관하고 인증해주는 역할까지 모두 다 맡고 있었다. 그런데 이 기관들이 개인의 신분정보를 인증하거나 갱신해주는 역할만을 담당하게 된다면 기존의 정부 개념에 엄청난 변화가 일어날 수밖에 없을 것이다. 게다가 출생 정보나 사망 정보와 같은 정보는 국가가 직접 인증할 수 없고 병원과 같은 외부 전문기관의 힘을 빌어야 한다. 따라서 자기주권 신원정보 시스템으로 가면 현재 국가에 집중되어 있던 신원정보 생산, 인증, 관리 역할이 점점 더 분산될 수밖에 없다. 디지털 기술과 블록체인 기술에 힘입어 국가나 정부의 기능 자체가 탈중앙화되는 방향으로 가는 것이다. 필자가 놀란 이유는 네덜란드, 독일, 에스토니아 등은 이미 이러한 시대적 흐름을 읽고 정부의 역할이 탈중앙화되는 시대를 준비하는 느낌을 받았기 때문이다. 이들은 공통적으로 정부기관임에도 불구하고 국가와 정부의 권력을 어떻게든 강화시키려고 고민하는 것이 아니라 변화하는 사회 환경과 기술 환경에서 정부가 어떻게 하면 최적의 서비스를 제공할 것인가를 고민하고 있었다.

필자는 이러한 흐름이 '국가의 TTP화'라는 큰 흐름의 일부라고 생각한다. TTP란 트러스티드 서드 파티Trusted Third Party의 줄임말로 제3의 신뢰 보증기관 혹은 신뢰할 수 있는 제3자라고 번역할 수 있다. 비즈니스 용어 사전에서는 TTP를 '합의, 거래, 또는 매매에 대해 지불 및 사후 거래 문제를 해결하기 위해 모든 당사자가 사심 없고 공평한 중재자로 인정한, 공식적으로 인정받은 명성 있고 책임 있는 신탁체Established, reputed, and responsible fiduciary entity accepted by all parties to an agreement, deal, or transaction as a disinterested and impartial intermediary for settlement of payments and post-deal problems'로 정의한다.[33] 쉽게 이야기하면 TTP란 거래 당사자들 사이에서 직접적인 신뢰를 보장할 수 없을 때 믿고 맡길 수 있는 제3의 회사나 기관을 의미한다. 우리가 알고 있는 TTP

의 가장 일반적인 사례가 바로 은행, 증권사, 카드사, 보험사 등이다. 위에서 언급한 것처럼 병원이 아이의 출생을 인증하고 보증한다면 병원 역시 TTP로서 기능한다고 볼 수 있다.

아이러니하게도 블록체인 시대에 진입하면서 TTP의 중요성은 감소하는 것이 아니라 오히려 더 커지고 있다. 종종 블록체인이 '거래를 중개하는 제3자를 없앨 것'이라고 오해하는 경우가 있다. 그런데 블록체인이 신뢰를 보장하는 대상은 디지털화되어 블록체인에 저장된 데이터에 국한된다는 사실을 잊어서는 안 된다. 즉 블록체인에 저장된 데이터에 대해서는 '신뢰할 수 있는 제3자'가 필요없지만, 그 이외의 데이터에 대해서는 여전히 해당 데이터의 신뢰를 보장할 수 있는 TTP가 필요하다. 예를 들면 블록체인에 저장되기 전의 원산지 정보 그 자체를 보장하려면 해당 데이터를 만든 사람이 '신뢰할 수 있는 제3자', 즉 TTP여야 하다. 블록체인이 등장하면서 데이터의 신뢰성 보장에 대한 요구 수준이 높아졌기 때문에 블록체인 외부에 존재하는 데이터에 대한 신뢰를 보장하는 TTP의 역할은 오히려 커지고 있다. 따라서 앞으로 새롭게 부여된 TTP의 역할은 블록체인 산업과 연계하여 사회 전체의 신뢰를 보장하는 새로운 산업 영역으로 등장하게 될 것이다.

국가의 TTP화라는 것은 국가의 지위가 이들 기존의 TTP와 유사해진다는 것을 의미한다. 지금까지 국가는 일반적인 TTP들과는 다른 독점적이고 독보적인 입지를 가졌다. 특히 국가는 모든 개인들의 정보를 수집하고 보관하고 인증하고 보증해주는 역할을 독점해왔기 때문에 TTP가 아니라 '제1의 인증기관the primary certificating authority'의 역할을 해왔다고 말할 수 있다. 그러나 만약 네덜란드가 시도하는 자기주권 신원정보가 실제로 상용화된다면 국가는 제1의 인증기관이 아니라 TTP에 가까운 지위를 가지게 된다. 국가의 지위에 근본적인 변화가 생기는 것이다. 우리는 이 흐름을 '국가의 탈중앙화'라고 불러도 될 것이다.

5
인터넷 서비스의 근간을 흔들 자기주권 신원정보

이와 같은 신원정보ID 서비스가 보편화되면 기존의 중앙화된 인터넷 서비스에도 엄청난 변화가 생긴다. 최근 등장한 신조어 FAANG은 페이스북, 아마존, 애플, 넷플릭스, 구글과 같이 거대 글로벌 플랫폼으로 성장한 회사들의 일반적인 서비스 모형을 대표하는 단어다. 이 단어는 대표적인 회사들의 이름 앞글자를 조합해 만든 것이다. 하지만 사실 이것은 위 다섯 회사와 같이 IT 기술에 기반하여 개별 국가 범위를 넘어서는 거대 플랫폼을 만든 서비스 모델을 총칭한다고 볼 수 있다. 여기에는 우리 귀에 익은 인스타그램, 유튜브, 우버, 그랩, 에어비앤비, 링크드인, 왓츠앱, 위챗, 라인, 카카오톡, 네이버 등 무수한 회사들이 포함될 수 있다. 21세기 인터넷 서비스의 에코 시스템은 사실상 이러한 거대 플랫폼 회사들이 인터넷 산업 전체를 지배하는 단계로 들어섰다. 소위 플랫폼 제국이라는 것이 바로 이것이다. 그리고 이 서비스들의 근간에는 개인 신원정보ID를 직접 수집하고 보관하고 관리하고 재가공하는 중앙화된 신원정보 관리 시스템이 작동하고 있다. 바로 이 신원정보 관리 시스템에 빅데이터 기술과 인공지능 기술을 적용해 광범위한 개인별 활동 데이터 수집, 취향 분석, 개인별 관계 분석, 개인화된 콘텐츠와 광고를 노출하고 추천하는 시스템 등이 작동하는 것이다. 플랫폼 회사들은 이렇게 개인 신원정보를 기반으로 한 거대한 데이터베이스를 만들어 막대한 이윤을 만들어내고 있다.

그런데 문제는 여기서 정작 데이터를 생산한 개인들은 아무런 보상도 받지 못하고 있다는 사실이다. 개개인이 데이터를 생산하고 있음에도 불구하고 그 데이터로 만들어진 경제적 이윤은 오로지 플랫폼 기업들이 독점하고 있다. 또한 개인들은 해당 데이터가 어떤 경로를 거쳐 어떻게 유통되어 어떻게 사용되는지 거의 인지하지 못한다. 개인정보부터 개인이 생산한 데이터 그리고 그 데이터를 활용한 2차 가공 결과물까지 모두 거대 플랫폼 기업들이 독점하고 있기 때문이다. 그런데 개인정보를 개인이 보관하고 관리하는 체계로 변화하는 순간 데이터 독점 구조가 무너지기 시작한다. 기업들은 보다 정확한 데이터를 얻기 위해서 개인정보를 자발적으로 제공하는 개인들에게 일정한 보상을 제공해야 하는 방식으로 산업 구조가 변화될 가능성이 있다. 또한 블록체인 기술이 등장하면서 새롭게 등장한 서비스 영역은 개인이 자신의 온갖 개인정보를 보관하고 관리하면서 해당 정보를 필요로 하는 기업들에게 판매하는 모델이다. 블록체인 기술에서 영감받은 다수의 창업자들이 개인의 DNA 정보, 개인의 병력, 특정한 병에 걸린 사람들에 관한 신원정보, 취향 정보 등을 개인이 관리하고 필요한 기업들에게 판매할 수 있는 다양한 모델들을 디자인하고 있다. 기존엔 병원이나 의료기관이 독점적으로 관리하고 있던 정보들에 대한 관리 권한을 개인에게 돌려줌으로써 새로운 비즈니스 유형을 만들어내는 것이다. 물론 아직은 초기 단계이고 또한 이러한 비즈니스 모델을 구현할 기술적 도구들이 충분하지 않기 때문에 언제쯤 의미 있는 서비스가 등장할지는 아직 알 수 없다. 그러나 기술적 환경이 성숙하는 시점에 지금의 중앙화된 서비스와는 다르게 개인이 자기 데이터의 주권을 행사할 수 있는 서비스가 등장할 가능성은 충분히 존재한다.

6
우리 앞에 놓여진 두 개의 미래

이번 미팅을 통해 필자는 어쩌면 미래에 등장할지도 모르는 세계정부는 기존의 상상과는 많이 다를 수도 있겠다는 생각이 들었다. 미래에 대한 기존의 상상은 대부분 막강한 힘으로 세계를 통치하며 개개인을 감시할 수 있는 엄청난 권력을 소유한 거대 정부 혹은 거대 독점기업이 당연하게 존재할 것이라는 공상과학 영화와 같은 상상이다. 그리고 이 상상은 이미 중국에서 상당 부분 실현되고 있다. 그러나 실제 우리 미래 사회는 이러한 상상과는 완전히 다른 방식으로, 정부 인프라의 많은 부분을 블록체인이 대체하면서 탈중앙화되고 분산화된 정부 시스템이 등장할지도 모르겠다는 생각이 들었다. 블록체인과 IT 기술이 만들어내는 탈중앙화라는 새로운 흐름에 발맞추어 정부 자체도 탈중앙화된 형태로 자신의 역할을 스스로 변화시켜 나갈 수도 있겠다는 상상 말이다. 위에서 살펴보았듯이 유럽에서 태동하는 블록체인 프로젝트들은 이러한 방향성을 내포하고 있는 것으로 보인다. 특히 에스토니아의 카스파르 코르유스가 이야기했던 것이 바로 이런 정부이다. 이에 대해서는 에스토니아 편에서 자세하게 소개할 예정이다.

한편 중국은 이러한 흐름과는 완전히 정반대의 행보를 가속화하고 있다.[34] 중국은 이미 길거리에 돌아다니는 12억 인구를 실시간으로 식별할 수 있는 기술을 개발해서 경찰 등에게 보급하고 있다. 또한 2014년에는 사회신용 시스템Social Credit System이라는 제도를 발표해 모든 중국인들의 사회 점수를 매기는 제도를 시행했다. 즉 개인들의 사회활동을 지수화해 국가가 점수를 매기는 개인관리 시스템이 작동하기 시작한 것이다. 그리고 이 점수는 2세에게도 대물림될 예정이다. 중국 정부는 이미 이 시스템을 가동하고 있으며 2020년까지 완성할 예정이라고 한다. 이렇게 되면 실시간 감시 시스템과 모든 개인들에 대한 신용관리 시스템이 결합되어 국가가 개인들을 완벽하게 관리하고 통제하는 것이 가능해진다. 사실상 디지털 기술에 기반한 빅 브라더Big Brother 사회가 도래한 것이다.

우리의 미래는 지금의 중국이 보여주는 완벽한 빅브라더 감시체제의 등장과 더불어 유럽 일각에서 시작되는 탈중앙화된 분산 국가, 분산 정부의 등장이라는 새로운 갈림길 앞에 서 있다. 유럽과 중국으로 대변되는 이 두 개의 흐름은 양 극단의 대척점에 있다. 유럽의 시도가 글로벌에서 두각을 나타내는 시점에 중국이 구축한 빅브라더 시스템과 어느 지점에서는 충돌하게 될 것이다. 우리는 두 개의 갈림길 앞에서 과연 어느 쪽을 선택할 것인가?

3장

암호화폐 없는 퍼블릭 블록체인, 기본소득을 가능케 할까?

프라이빗 블록체인을 넘어 공공 영역 블록체인의 새로운 해법을 찾다

1
세 개의 블록체인

 통상 블록체인은 크게 퍼블릭 블록체인Public Blockchain과 프라이빗 블록체인Private Blockchain으로 구분된다. 더 자세하게 나누면 프라이빗 블록체인을 컨소시엄 블록체인Consortium Blockchain과 프라이빗 블록체인으로 구분할 수 있다. 그리고 일반적으로 퍼블릭 블록체인은 암호화폐를 가지고 있다. 퍼블릭 블록체인은 비트코인이나 이더리움 같은 것으로 사전적 정의는 허가 없이 아무나 블록체인 네트워크에 참여할 수 있고 블록체인의 데이터에 아무나 접근할 수 있는 블록체인을 의미한다. 일반적으로 퍼블릭 블록체인은 해당 블록체인 네트워크가 작동하는 데 필요한 컴퓨터 자원을 해당 네트워크에 자발적으로 참여한 사람들이 제공하기 때문에 그에 대한 보상으로 암호화폐를 제공한다. 코인마켓캡(https://coinmarketcap.com/)과 같은 암호화폐 시장에 올라와 있는 대부분의 코인들은 퍼블릭 블록체인에서 사용되는 토큰들, 아직은 기술을 개발 중인 단계이지만 장기적으로 퍼블릭 블록체인을 구축하려는 프로젝트들에서 사용되는 토큰들, 그리고 블록체인을 직접 개발하지는 않지만 이더리움과 같은 플랫폼형 퍼블릭 블록체인 위에서 작동하는 토큰이나 분산 어플리케이션 dApp[35]들에서 사용되는 토큰이다. 또한 퍼블릭 블록체인은 그 특성상 블록체인에 저장된 데이터가 100% 공개된다. 아무나 블록체인에 접근해서 데이터를 투명하게 들여다볼 수 있는 것이다.

반면 프라이빗 블록체인은 통상 암호화폐가 존재하지 않는다. 프라이빗 블록체인은 개인 혹은 기관들이 독자적으로 자신들만의 블록체인을 운영하는 것이다. 그러다 보니 해당 블록체인을 작동시키는 모든 자원을 바로 그 개인이나 기관이 제공하기 때문에 굳이 암호화폐를 도입할 필요가 없다. 블록체인의 소유 주체 및 책임 주체가 명확한 것이다. 또한 해당 네트워크에 대한 참여 및 데이터에 대한 접근 역시 해당 블록체인의 소유자가 100%의 통제권을 가지고 있다. 따라서 기업이나 정부가 블록체인을 도입할 때 가장 먼저 고려하는 것이 프라이빗 블록체인이다. 해당 네트워크를 소유한 기업이나 정부가 오롯이 노드들을 지배할 수 있어 블록체인 네트워크에 대한 통제가 쉽고 민감한 데이터를 외부에 유출하지 않을 수 있기 때문이다.

그런데 바로 이 점 때문에 프라이빗 블록체인은 퍼블릭 블록체인보다 안전하지 않다는 평가를 받는다. 프라이빗 블록체인은 모든 노드들을 해당 블록체인의 소유자가 100% 통제하고 있어서 소유자가 블록체인 데이터를 조작할 수 있기 때문이다. 정부나 은행이 굳이 프라이빗에 저장된 데이터를 바꿀 이유가 있겠냐고 묻는 사람들도 있

	퍼블릭 블록체인	프라이빗 블록체인	컨소시엄 블록체인
소유 주체	소유권이 각 노드들에게 분산되어 있음(분산 소유권)	기관 혹은 개인이 소유함	두 개 이상의 기관들 혹은 개인들이 소유권을 나누어 가짐
암호화폐	인센티브 제공을 위해 암호화폐가 거의 필수적임	소유 주체가 블록체인 네트워크를 작동시키는 자원을 제공하기 때문에 인센티브 구조가 필요 없음	소유 주체들이 블록체인 네트워크를 작동시키는 자원을 제공하기 때문에 인센티브 구조가 필요 없음
블록체인 네트워크에 참여할 수 있는 자격	여러 가지 유형이 있으나, 원칙적으로 일정한 조건만 갖추면 참여 자격에 제한을 두지 않는 것이 일반적이고 또한 바람직한 것으로 간주됨	소유자가 허락하는 개인 혹은 기관	소유자들이 허락하는 개인 혹은 기관
최종 신뢰 보증자	블록체인 네트워크 그 자체	해당 블록체인을 소유한 기관 혹은 개인	해당 블록체인을 소유한 기관들 혹은 개인들

지만, 리만 브라더스와 같은 사태가 다시 발생한다면 그들이 데이터에 손을 대지 않으리라고 누가 보장하겠는가?

그나마 프라이빗 블록체인을 특정 기관이나 기업이 그들 스스로 자신들의 데이터를 안전하게 관리하기 위한 목적으로, 단지 내부적으로만 사용하는 것이라면 별 문제가 없다. 해당 기관이나 기업이 스스로 책임지면 되기 때문이다. 그런데 프라이빗 블록체인 위에서 공공 서비스나 대국민 서비스를 제공하는 경우에는 사안이 달라진다. 애초 블록체인이 주목을 끈 이유는 단지 블록체인의 그 아키텍처만으로도 투명하고 안전한 데이터 관리가 보장되기 때문이다. 즉 블록체인을 도입하면 해당 블록체인에 저장된 디지털 데이터의 신뢰성을 보장하는 블록체인 외부의 제3자가 필요하지 않은 것이다. 그런데 프라이빗 블록체인으로 대국민 서비스를 제공하는 경우에는, 노드 운영을 독점하고 데이터를 조작할 수 있는 권한을 보유한 제3자가 존재하게 된다. 따라서 '공공 영역에서 프라이빗 블록체인을 사용하는 것이 타당한가?'라는 질문이 제기되는 것이다.

한편, 프라이빗 블록체인의 소유 주체를 조금 확장하여 복수의 개인 혹은 기관이 공동으로 블록체인을 운영하는 경우가 있다. 예를 들어 2018년 8월 한국 은행연합회가 도입한 뱅크사인[36]처럼 공동으로 신원정보ID를 관리하는 경우, 해당 신원정보 시스템을 사용하는 모든 은행들이 하나의 블록체인을 만들고 노드를 각자 나누어서 운영하는 컨소시엄 방식이 가능하다. 즉 자격을 인증받은 다수의 주체들이 공동으로 블록체인을 운영하는 것이다. 이 구조는 여러 주체들이 하나의 블록체인에 각자 노드를 가지고 참여하게 된다. 이 구조에서 데이터를 조작하거나 블록체인을 작동시키는 프로그램 소스 자체를 수정하려면 다른 주체들의 동의를 받아야 한다. 따라서 컨소시엄 블록체인에서는 하나의 주체가 자의적으로 데이터를 수정하거나 소스를 수정할 수 없기 때문에 프라이빗 블록체인보다는 훨씬 안전하다.

대신 컨소시엄 블록체인은 프라이빗 블록체인이 가지지 않은 다른 문제를 가지고 있다. 컨소시엄 블록체인에서 소프트웨어를 업데이트하려면 참여한 개별 주체들이 동의해야 한다. 만약 서로의 이해관계가 걸린 사안이나 어느 한쪽에 민감한 정책 변화를 도입해야 하는 경우에는 이해관계 충돌 상황이 발생할 수 있다. 통상 네트워크 오픈 초기에는 이후의 요구사항이나 시스템 변화 등을 예측할 수 없다. 따라서 컨소시엄 블록체인에서는 실제 네트워크 운영을 하다가 참여자들 사이에 이해충돌이 발생하면서 블록체인 네트워크가 불안해지는 문제가 발생할 가능성이 존재한다.

또한 컨소시엄 블록체인의 경우에도 신뢰성 문제 혹은 데이터 조작 가능성 문제가 완전히 사라지지는 않는다. 블록체인 기반으로 투표 시스템을 만들어서 선관위와 법원 등 선거 관련된 정부기관들이 컨소시엄을 구성하고 공동으로 관리한다고 할 때 어떤 시점에 독재 정권이 들어서서 데이터를 조작하라고 총칼을 들이대는 경우 결국 데이터의 무결성이 깨질 수 있기 때문이다. 따라서 컨소시엄 블록체인에서도, 비록 수정 자체가 어려워지긴 했지만, 여전히 제3자를 신뢰해야 하는 문제는 해결되지 않는다. 그럼에도 불구하고 컨소시엄 구조가 되면 조작 가능성이 획기적으로 낮아지는 것은 사실이다. 때문에 블록체인 기반의 투표 시스템을 논의할 때 선관위와 더불어 선관위가 데이터를 조작하지 않는지를 감시하는 시민단체의 감시 노드 혹은 아예 선관위와 시민단체가 컨소시엄으로 노드를 운영하는 방안 등이 대안적 방법으로 거론된다. 공공 영역의 블록체인을, 예컨대 블록체인 기반의 투표 시스템을 컨소시엄 블록체인 정도로 구현하는 것만으로도 상당한 진전이라고 할 수 있다. 지금까지 선거 데이터는 오로지 정부가 독점적으로 관리하고 정부가 발표했기 때문이다. 컨소시엄 블록체인이 도입되면 시민단체들도 선관위와 동일한 데이터를 실시간으로 볼 수 있기 때문에 정보의 투명한 공개라는 측면에서는 엄청난 진전이 이루어진다.

그러나 이것이 최선일까? 당장 시민간체가 어떤 자격으로 노드 운영에 참여하느냐, 그들의 대표성은 어디서 나오는 것이냐, 다른 시민단체가 아니고 하필 그 시민단체를 믿을 근거는 무엇이냐 하는 질문들이 나오면, 100가지 대답을 할 수는 있어도 대답 자체가 옹색해지는 것은 피할 수 없다. 이 모델에서도 역시 신뢰해야 할 제3자, 즉 TTP(시민단체)가 필요하기 때문이다. 블록체인 외부의 데이터에 대해서는 TTP를 활용하는 것이 타당하지만 블록체인 네트워크의 운영과 관리 자체를 제3자에 맡기는 경우에는 어느 시점엔가는 '신뢰 위기'가 발생할 수 있다. 그런 측면에서 '공공 영역에서 컨소시엄 블록체인 정도면 충분하다'고 말하기는 쉽지 않다. 전세계에서 진행되는 공공 영역의 블록체인을 나름 추적하고 조사해온 필자로서는 프라이빗 블록체인만이 아니라 컨소시엄 블록체인에 대해서는 여전히 께름칙한 면이 남아 있었다. 달리 더 나은 대안을 생각할 수 없기에 선택하게 되는 차선이랄까?

2
퍼블릭 블록체인

바로 이 문제와 관련하여 독일 블록체인연방협회의 요하임 로캄프 이사는 공공 영역의 블록체인은 퍼블릭 블록체인으로 구성되어야 한다는 것이 협회의 입장이라고 말했다. 지금까지 필자가 알고 있는 공공 영역의 프로젝트들은 거의 대부분 프라이빗 블록체인 위에서 작동하기에 공공 영역에서 퍼블릭 블록체인을 어떻게 사용하겠다는 것인지 쉽게 이해되지 않았다. 기자단 역시 그 말이 의아했기에 개인의 의견이냐 협회의 공식 의견이냐 재차 질문이 있었다. 그는 이것이 협회의 공식 의견이라고 명확하게 확인해주었다. 이에 대해서는 독일 정부와도 어느 정도 교감을 가지고 있다고 했다.

어떤 구조의 블록체인이냐고 질문하니 그는 자격증명PoA, Proof of Authority을 언급했다. 자격증명이란 인증받은 개인들Peer이 노드 운영에 참여하는 구조로 이더리움 공동 창업자인 개빈 우드Gavin Wood와

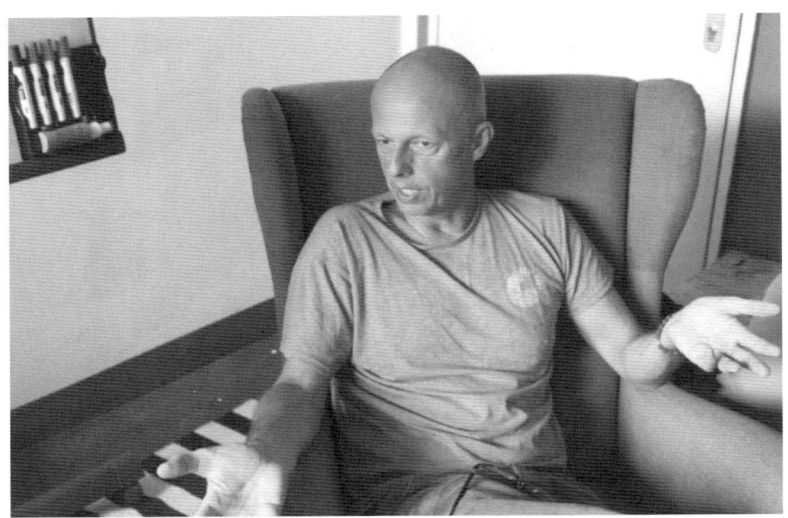

독일의 공공 블록체인 프로젝트 및 자격증명 등을 설명하고 있는 독일 블록체인연방협회 이사 요하임 로캄프. 2018년 6월 29일. (사진 ⓒ 허경주 기자)

패리티 테크놀러지Parity Technologies가 주창한 것이다. 즉 특정한 자격을 인증받은 개인들에게 노드 운영 권한을 부여해 블록(데이터)를 생성하고 검증하도록 함으로써 에너지 낭비가 심하고 속도가 느린 작업증명PoW의 단점과 지분이 많은 사람들이 네트워크를 실질적으로 장악할 수 있는 지분증명 방식PoS, Proof of Stake이나 위임형 지분증명 방식DPoS, Deligated Proof of Stake의 단점을 극복하겠다는 것이다.

2017년 말에서 2018년 초, 비트코인과 이더리움의 수수료가 치솟고 해시 파워의 집중화 현상이 지속되면서, 과연 이들 블록체인들이 진정 탈중앙화된 것이 맞느냐에 대한 문제가 지속적으로 제기되고 있다. 작업증명은 엄청난 연산을 수행함으로써 막대한 에너지를 소비하는 것과 더불어 결국은 막대한 연산 능력을 가진 자들이 네트워크를 장악하게 되는 단점이 있다. 남들보다 높은 계산 능력을 확보해야 유리하기 때문에 다수 개인들peer의 독립적인 마이닝이 아니라 소수 마이닝풀Mining pool[38]로 리소스가 집중되었고, 또한 해시파워가 특정 국가(중국)에 집중되는 결과를 낳았다. 그리고 2018년 중반 결국에는 버지Verge,[39] 모나코인Monacoin,[40] 비트코인 골드Bitcoin Gold,[41] 젠캐시 네트워크ZenCash network[42]가 차례로 51% 공격을 당하는 사고가 발생했다.

또한 지분증명 방식이나 위임형 지분증명 방식은 엄청난 계산을 하는 문제는 제거했다. 하지만 결국은 지분 많은 사람들이 네트워크를 장악하여 최대의 수혜자가 된다는 단점이 있다. 즉 돈 많은 사람들이 네트워크를 좌지우지하며 자신들의 이득을 극대화하는 금권정치Plutocracy를 벗어나기 쉽지 않은 것이다. 금권정치의 유혹이 존재하는 경우, 종종 비정상적이거나 비상식적인 담합이나 조작이 동반되면서 네트워크 전체의 가치를 하락시킨다. 예를 들어 위임형 지분증명 방식의 대표주자인 이오스는 거대 지분을 가진 4개의 BP가 다른 17개의 BP 선정 및 투표를 좌지우지한다는 사실이 확인된 바[43]있다. 블록체인의 탈중앙화 약속과 다르게 실직적으로 네트워크를 장악하는 누군가 혹은 세력이 있다든지, 운영의 상당 부분을 담당하는 누군가가 드러나는 경우 결국 이 블록체인은 탈중앙화되어 있지 않다는 비판을 받을 수밖에 없다. 혹자는 왜 탈중앙화해야 하느냐, 그것은 도그마 아니냐라는 질문을 던지기도 한다. 하지만 위에서 작업증명 모델들이 51% 공격을 당한 것에서 알 수 있듯이 탈중앙화되지 않은 블록체인은 해킹 공격을 당할 가능성이 높다. 따라서 탈중앙화는 도

그마가 아니라 신뢰를 유지하기 위한 필수조건이다. 독일이 공공 영역 서비스를 구축하면서 퍼블릭 블록체인을 고민하는 이유가 바로 이것 때문이다.

그렇다면 노드 운영에서 진정으로 제3자가 없어지려면 어떻게 되어야 할까? 결국 이것은 커뮤니티가 자신들에게 필요한 블록체인 인프라를 직접 운영하는 방식으로 귀결될 수밖에 없다. 물론 그것이 반드시 커뮤니티 멤버들 모두 노드 운영에 참여한다거나 하는 방식은 아닐 것이다. 커뮤니티가 직접 블록체인을 운영한다는 것은, 커뮤니티 멤버의 모두가 아니라 일부만 노드 운영에 참여하더라도, 커뮤니티 멤버들이 그것이 소수에게 편중되어 있거나 소수가 좌지우지한다고 확신할 수 있는 방법이면 될 것이다. 그런 측면에서 자격증명은 커뮤니티가 자신들이 필요한 블록체인 인프라를 직접 운영할 때 고려할 수 있는 적절한 방안이다.

3
권한증명

자격증명은 이더리움의 개빈 우드Gavin Wood가 이더리움의 테스트넷을 돌리기 위해 처음 제안한 개념이다.[44] 자격증명의 핵심 콘셉트는 해당 블록체인과 관련하여 이해관계를 가진 사람들이 권한을 검증받은 후 동등한 권한을 가지고 네트워크에 참여하는 것이다. 자격증명은 커뮤니티 내에서 자격을 가진 개인에게 동등하게 그 권한을 배분해 블록체인을 운영하도록 하는 것이 핵심이다. 자격이 확인된다면 개인들은 실질적으로 동등한 권한을 가진 노드의 자격을 획득한다.

자격증명은 이미 컨소시엄 블록체인에서 사용되는 개념이다. 컨소시엄 블록체인은 명확한 승인 과정을 거쳐 노드 운영에 참여할 자격을 얻기에 아주 명시적인 자격증명 구조라고 볼 수 있다. 그런데 이러한 자격증명 구조는 암호화폐로 작동하는 퍼블릭 블록체인에도 사용될 수 있다. 자격증명 구조의 퍼블릭 블록체인은 일정한 자격요건을 두고 그 자격에 맞는 사람들이 참여(자격 증명)해서 노드를 구성하고 노드 운영에 참여하는 댓가로 해당 개인들에게 인센티브를 지급하면 된다. 이때 각 노드는 지분량과 무관하게 동일한 권한을 보유한다. 암호화폐를 가진 블록체인의 경우 통상 일정한 지분을 예탁하는 것이 조건 중 하나로 제시되는 경우가 많기 때문에 자격증명은 지분증명 방식PoS의 특별한 경우 혹은 지분증명 방식의 변형태라고 보아도 될 것이다.

퍼블릭 블록체인으로는 POA 네트워크,[45] 코반Kovan,[46] 비체인VeChain[47] 등의 프로젝트들이 자격증명을 실험하고 있다. 필자가 일하는 보스 플랫폼[48] 역시 독자적인 탐색을 통해 자격증명과 유사한 콘셉트를 구체화했다. 보스 플랫폼은 고객 혹은 참여자 신원 증명KYC을 수행하고 1만 보스 이상을 시스템에 예탁한 사용자들, 즉 일정한 자격요건을 만족하는 사용자들에게 멤버 자격을 부여하고 노드 운영에 참여할 권한 및 최고 의사결정 기구인 의회 네트워크Congress Network에 참여할 권한을 제공한다. 자격을 인정받은 커뮤니티 구성원들이 블록체인 위에서 동등한 권한을 가지고 직접 의사결정에 참여하는 1인 1표 시스템을 구축한 것이다.

퍼블릭 블록체인에 적용한 자격증명과 비슷한 구조로 공공 영역 블록체인에서 일정한 자격요건을 만족시키는 개인들이나 단체들을 모집해서 그들에게 노드 운영을 맡기는 방식을 생각해볼 수 있다. 자격 기준은 필요에 따라 여러 가지 기준들이 채택될 수 있을 것이다. 예컨대 시민재판 배심원단을 뽑는 것처럼 무작위 추출을 기준으로 할 수도 있고, 노드 운영에 필요한 특정한 교육 이수를 자격 조건으로 할 수도 있을 것이다. 만약 투표 시스템을 운영한다면 19세 이상의 성인 중 전과기록이 없고 노드를 관리할 수 있는 컴퓨터 기본 소양이 있는 사람들로부터 지원받는다. 그후 그들에게 투표 시스템을 운영하는 노드(컴퓨터)를 지급하고 해당 노드를 관리하도록 하는 방안을 생각해볼 수 있다. 필요하다면 여기에 적절하게 연령 안배, 성 안배, 지역 안배 등을 고려할 수도 있을 것이다.

요하임 로캄프는 "독일은 공공 영역의 블록체인을 퍼블릭 블록체인 구조로 가려고 하느냐?"는 질문에 대해 "아직 그 부분은 결정되지 않았다"고 대답했다. 아마도 그 부분은 프로젝트 성격에 따라서 해당 블록체인에서 다루는 데이터가 공개되면 안 되는 민감한 정보인지, 혹은 일반 대중에게 공개되는 것이 더 좋은 데이터인지, 혹은 노드 운영자들의 자격요건을 구성하는 적절한 방안들이 얼마나 잘 짜여지냐에 따라서 달라질 것이리라. 다만 지금은 공공 영역의 블록체인은 퍼블릭 블록체인으로 가야 한다는 방향성에 공감대가 있는 정도인 것으로 보인다.

4
공공 서비스로서의 퍼블릭 블록체인

여기서 자격증명 구조가 제시하는 새로운 방향성을 조금만 더 상상을 해보자. 노드를 운영하는 데는 여러 가지 비용이 들어간다. 이를 세분화하자면 컴퓨터(하드웨어) 구입 비용, 네트워크 사용 비용, 그리고 부품 교체 비용, 소프트웨어 업데이트와 같은 유지보수 및 관리 비용으로 구분할 수 있다. 노드를 운영하는 것은 매일 그것을 들여다보고 있을 필요는 없지만 컴퓨터가 이상 없이 작동하도록 관리해야 한다. 따라서 작동에 이상이 없는지 모니터링하고 고장나면 수리하는 등 노드 운영을 맡은 개인들이 일정한 시간과 노력을 투여해야 한다. 암호화폐 기반의 퍼블릭 블록체인은 이 모든 보상을 해당 블록체인에서 작동하는 암호화폐로 지급한다. 공공 영역의 퍼블릭 블록체인에서도 역시 하드웨어 구입 비용, 네트워크 사용 비용, 관리 비용 등을 누군가 내야 한다. 만약 이 비용을 정부가 개인들에게 제공한다면 이 블록체인은 암호화폐 없이도 퍼블릭 블록체인으로 작동할 수 있다. 즉 정부가 퍼블릭 블록체인을 작동시키기 위해 필요한 인센티브를 제공한다면, 퍼블릭 블록체인 기반의 공공 서비스가 가능한 것이다.

이것을 다시 해석해보면, 개인들이 정부 혹은 공동체의 핵심적인 자원 운영을 위임받아 관리하고 그 대가로 개인들은 정부 혹은 공동체로부터 일정한 보상을 받는 방식이 가능하다는 것을 의미한다. 즉 개인들이 공공 서비스를 작동시키는 인프라에 필요한 관리 노동을 제공하고 그래서 일정한 수준의 소득을 얻을 수 있는 구조가 가능한 것이다. 기존에는 국가가 모든 사회 인프라를 직간접적으로 작동시키고 책임지는 역할을 해왔다. 그런데 이제 사회 인프라를 작동시키는 작업에 개인들이 참여할 길이 열리고 있는 것이다. 이 글에서는 간단하고 쉬운 사례로 투표 시스템을 예로 들었지만, 2장에서 소개한 네덜란드의 블록체인 기반 ID 관리 시스템은 현재는 프라이빗 블록체인에서 테스트를 하고 있다.

이 시스템은 블록체인상에서 개인정보를 하나도 다루지 않기 때문에 이 구조를 그대로 퍼블릭 블록체인으로 전환해도 큰 문제가 없어 보인다. 아니, 논리적으로 추론하자면 네덜란드 정부는 미래 어느 시점에 그 어떤 이유로든 무너질 가능성이 조금이라도 있기 때문에 오히려 퍼블릭 블록체인으로 관리하는 것이 더 안전하다고 말할 수 있다. 더불어 향후 스마트 컨트랙트 기술이 고도화되고 블록체인 위에서 암호화된 데이터를 다룰 수 있는 기술이 충분히 발달한다면 공공 영역의 서비스를 굳이 프라이빗이나 컨소시엄 블록체인 형태로 구축해야 할 이유가 점점 없어질 것이다. 그 시점이 되면 상당히 많은 영역의 행정 시스템과 관리 시스템을 퍼블릭 블록체인 위에서 작동시킬 수 있게 될 것이다.

따라서 장기적으로 개인들이 공공 서비스를 위한 퍼블릭 블록체인 인프라를 관리하는 역할을 맡고 이에 대해 보상을 받는 구조가 확산될 수 있다. 즉 공공 영역 블록체인의 운영에 참여할 수 있는, 사회의 핵심적인 IT 인프라를 작동시키는 데 참여하여 소득을 얻을 수 있는 새로운 직업군이 등장할 수도 있다. 사회를 운영하기 위한 IT 인프라는 누군가가 운영해야 한다. 그리고 그 IT 인프라의 규모는 시간이 지날수록 점점 커질 것이다. 그렇다면 국가 기간망을 작동시키는 블록체인, 빅데이터, 인공지능을 작동시키는 컴퓨팅 파워-블록체인과 연동해서 작동하는 거대한 크라우드 컴퓨팅 자원-를 해당 공동체에 속한 필부필부 개인들이 제공하고 이를 통해 다수의 국민들이 소득을 얻는 것이 가능하지 않을까? 지금까지 그 인프라를 정부가 독점적으로 운영해왔다면 이제는 이 인프라 운영에 개인들이 참여할 수 있는 시대가 열리고 있다. 이미 노동의 많은 영역에서 인간은 인공지능과 빅데이터가 만들어내는 생산성의 발끝에도 미치지 못하는 상황으로 나아가고 있다. 즉 인간이 노동을 해서 소득을 얻고 그것으로 재화를 구매함으로써 기업 활동이 활성화되는 순환구조로 작동해왔던 지금까지의 경제 생태계가 더 이상 작동하기 어려운 상황으로 나아가는 것이다.

따라서 지속 가능한 경제 시스템을 만들기 위해서는 어떤 방식으로든 인공지능과 빅데이터가 만들어내는 경제적 가치를 사회에 재

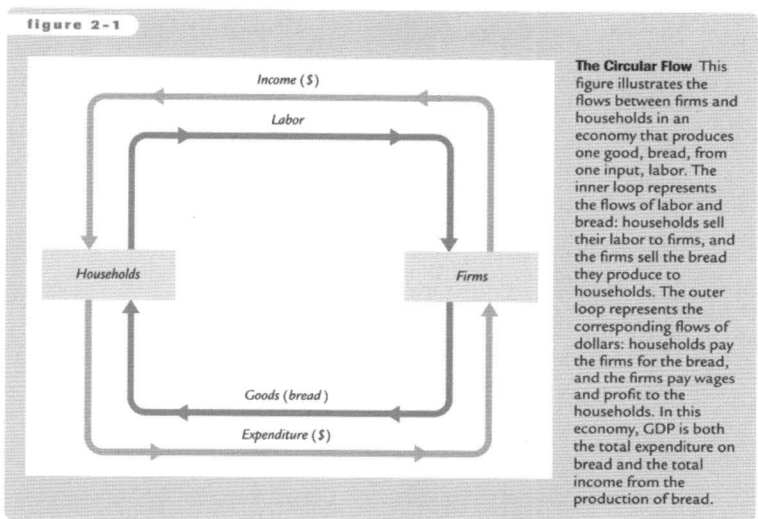

가장 유명한 경제학 교과서 중 하나인 『맨큐의 거시경제학』에 나오는 경제순환도. 이 그림은 기업에서 일을 하고 급여를 받은 개인들이 기업에서 만든 제품을 구매하고, 기업들은 개인들에게 물건을 팔아서 만든 자금을 다시 생산에 투입하여 고용을 늘리고 급여를 제공한다는 순환 구조를 가정하고 있다. 근대 경제학의 가장 기본적인 가정인 이 경제 순환 구조는, 기술 발달로 인한 대량 실업의 위험 앞에서 고용-소득 고리가 차단되어 경제 순환 자체가 중단될 상황에 놓여 있다.

분배할 수 있는 구조를 만들어야 한다. 이런 측면에서 블록체인은 우리에게 새로운 돌파구를 제공해줄 수 있다. 지금까지 기본소득에 대해서 제기되는 가장 큰 비판 중 하나는 그것이 불로소득이라는 것이었다. 그러나 개인들이 사회 인프라를 운영하는 데 참여할 수 있고, 이에 따라 일정한 수준의 기본 소득을 제공한다면 그것은 불로소득이 아니다. 또한 이것은 기계가 일을 하고 사람이 관리하는 형태의 노동이기에 4차 산업혁명에 부합하는 보다 인간적인 노동 형태이다.

5
영감을 자극하는 블록체인

　이처럼 블록체인은 기존에 공공 서비스가 작동했던 방식을 바꾸면서 새로운 산업을 만들고 개인들에게 새로운 소득원을 만들어줄 가능성을 가지고 있다. 그리고 공공 서비스를 작동시키는 데 참여할 수 있는 개인들의 수가 어느 정도 규모가 되는 시점이 되면, 지금 도입할지 말지 망설이는 기본소득 도입을 촉진하는 강력한 방안이 될 수도 있을 것 같다. 이는 공동체를 구성하는 개인들이 직접 해당 공동체에 필요한 필수 인프라를 작동시키는 데 참여한다는 측면에서 경제적인 측면에서뿐만 아니라 사회의 통합성과 건전성을 유지하는 데도 바람직한 방향이다. 물론 요하임 로캄프를 통해 잠깐 만나본 독일의 고민이 여기까지 나아간 것인지는 확인하지 못했다. 그러나 논리적으로 자격증명과 같은 블록체인 합의 모델에 기반한 공공 블록체인이 도입된다면, 장기적으로 해당 커뮤니티에 필요한 블록체인 인프라를 커뮤니티 스스로 운영하도록 하는 방향으로 나아갈 수밖에 없다. 기존의 정부가 공동체 외부에 존재하는 거대 권력이라는 느낌이 강했다면 향후에는 커뮤니티가 직접 참여해서 자신들에게 필요한 행정 시스템을 직접 운영하는 커뮤니킈 운영 시스템으로서의 '정부', 공동체를 유지하고 발전시키는 플랫폼으로서의 '정부'를 만들 수 있는 것이다. 나아가 아직 제대로 구현되지도 않은 선거에서의 직접민주주의 수준을 넘어 일상생활 전체에 걸쳐 있는 행정 시스템이 작동하는 구체적인 정책들 수준에서 개인들이 참여할 수 있는 미시적인 직접민주주의가 가능하게 될 것이다.

블록체인이 바꾸어놓을 우리의 사회 모습은 과연 어디까지일까? 기존에 중앙화된 시스템은 거대한 자원들을 일시에 동원하고 정보를 수직적 위계구조로 처리함으로써 엄청난 생산성과 효율성을 확보해 온 것이 사실이다. 이러한 생산성과 효율성 덕분에 탈중앙화된 상태로 존재했던 개인들과 소규모 커뮤니티들은 결국 국가로 대표되는 중앙화된 시스템에 자발적으로 혹은 강제로 복속될 수밖에 없었다. 이것이 인류가 문명화 단계를 걸어온 수천 년 동안 진행된 일이다.

인류가 본격적인 문명을 발전시키기 시작한 수천 년 동안 중앙화된 위계조직이 만들어내는 생산성과 효율성은 압도적이었다. 그러다 보니 우리는 중앙화된 시스템 이외에 다른 구조를 가진 사회의 밑그림을 쉽게 그리지 못했다. 중앙집중화에 맞서 수천 년 동안 소규모 그룹들이 핍박받으면서도 추구해왔던 국가 권력의 직접적인 통제로부터 벗어나려는 소규모 공동체 운동, 국가와 정부를 없애고 싶어 했던 무정부주의 운동 등이 그 엄청난 가치와 높은 도덕적 이상에도 불구하고 소규모 운동에 머무를 수밖에 없었던 이유가 바로 이것이다. 역사적으로 혁명에 성공했던 소비에트 공산당 역시 탈중앙화와 분산을 지향한 것이 아니라 시장을 대체하는 기제로 극단적으로 중앙화된 관료제 정보처리 기계를 내세웠다. 그들의 혁명 동력은 탈중앙화, 탈권력화, 분산화였지만 실제 만들어낸 권력과 정치 시스템은 정반대의 극단적인 중앙화 시스템으로 귀결되었을 뿐이다.

그런데 기술 혹은 사회의 IT 인프라 레벨에서 탈중앙화와 분산화라는 아키텍처를 가능하게 해주는 기술이 등장함에 따라 우리가 기존에 다른 대안이 없기에 '마땅히 그래야 하리라.' 혹은 '그럴 수밖에 없으리라.' 하고 포기하듯이 당연시해왔던 중앙화된 시스템 구조 전체를 완전히 다른 시각에서 볼 수 있는 환경이 제공되고 있다. 탈중앙화된 상태에서 중앙화된 시스템과 비교해도 좋을 생산성과 효율성을 제공해줄 수 있는 블록체인 기반의 분산 경제 모델들이 등장하면서 중앙집중 시스템의 특징, 중앙집중 시스템의 장단점, 지금까지 중앙화된 시스템이 해왔던 역할, 중앙화된 시스템이 지속할 수 있었던 사회적 기술적 조건들을 비교해서 조망하고 평가해볼 수 있는 새로운 기준점이 만들어진 것이다. 게다가 비록 충분히 현실화되려면 시간이 조금 걸리겠지만 그럴듯한 정치적, 사회적, 경제적 대안까지 덧붙여서 말이다.

블록체인은 공부를 하고 들여다보면 볼수록 새로운 영감을 제공한다. 필자가 아직까지도 블록체인을 보면서 흥분하고 있는 이유다.

4장

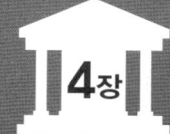

이미 시작된 블록체인 기반의 행정 자동화

스마트 컨트랙트가 너희를 자유롭게 할 것이다

1
우리는 진짜 해냈어요!

"우리는 진짜 해냈어요We actually did it!"

스웨덴 토지등기소Lantmäteriet, Swedish Land Registry 소속의 매트 슈넬 최고디지털책임자CDO는 자신의 강연을 이렇게 시작했다. 6월 28일 네덜란드 암스테르담에서 열린 '블록체인 엑스포 유럽 2018'에서 매트 슈넬은 '블록체인과 토지 등기-새로운 신뢰기계Blockchain and the Land Register – a new "trust machine?"?'[49]라는 제목의 강연에서 "판매자와 구매자, 부동산 중개인과 은행이 부동산 거래를 하는 데 블록체인 기술을 사용해 거래하는 것을 실증할 수 있었다"고 자랑스럽게 말했다.

스웨덴은 2년 동안 두 번의 프로토타입을 거쳐 드디어 블록체인 상에서 스마트 컨트랙트를 통해 '실제' 부동산 데이터를 거래하는 첫 사례를 만들어낸 것이다. 이 서비스는 판매자, 구매자, 부동산 중개인, 등기소 직원 등 부동산 거래와 관련된 관계자들이 스마트폰 앱에

6월 28일 네덜란드 암스테르담에서 열린 '블록체인 엑스포 유럽 2018'에서 연사로 나선 매트 슈넬. (사진 ⓒ 전명산)

서 로그인하여 실시간 거래를 할 수 있도록 되어 있다. 이를 통해 수 주에서 수개월 걸리던 부동산 거래 시간을 수시간 내로 단축시켰다.

  필자가 2017년 각국 정부들의 블록체인 프로젝트들을 조사했을 때까지만 해도 대부분의 프로젝트들이 개념증명PoC, Proof of Concept 혹은 프로토타입 단계였다. 그동안 블록체인으로 토지 정보를 관리하는 프로젝트, 블록체인 위에서 법정 디지털 화폐를 발행하고 운영하는 프로젝트, 소규모 투표 시스템을 넘어 스마트 컨트랙트 기반의 투표 시스템을 구축하는 프로젝트, 은행 간 금융 거래를 실시간으로 처리하는 RTGS 구축 프로젝트 등 다양한 프로젝트들이 진행되고 있었는데 2018년에 이르러 드디어 블록체인 위에서 실제 행정 데이터를 처리하는 사례들이 나타나고 있는 것이다. 비록 처음은 소규모이긴 하지만, 실제 데이터를 처리했다는 것의 의미는 시스템을 정비하

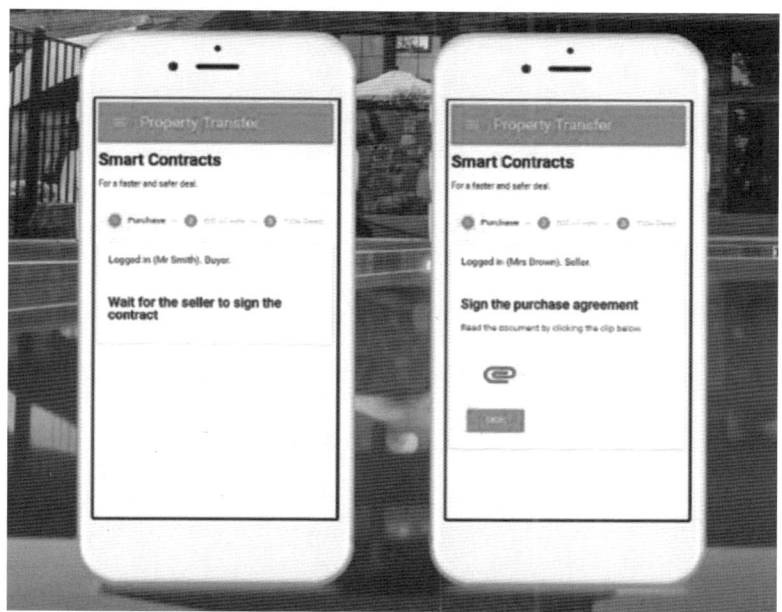

스웨덴이 개발한 부동산 거래용 앱. 2018년 6월 스웨덴은 이 앱을 통해 첫 실제 부동산 거래를 완료하였다. (이미지 출처: '블록체인 엑스포 유럽 2018' 매트 슈넬 발표자료)

고 대규모 서비스가 가능하도록 하면 상용 서비스가 가능하다는 것을 의미한다.

2
30배 빨라진 정부

네덜란드에서 스마트 컨트랙트 기반의 행정 서비스를 운영하는 또 다른 사례를 만났다. 바로 산모 지원 프로그램Maternity care program이다. 네덜란드 블록체인 프로젝트를 총괄하는 마를로스 폼프는 네덜란드에서 블록체인 기반의 산모 지원 프로그램을 실행하고 있다[50]고 설명했다.

네덜란드의 모든 개인들은 의무적으로 민간보험에 가입해야 하는데 산모 지원 비용이 포함되어 있다고 한다. 그래서 네덜란드의 모든 산모들은 아이를 낳으면 일정 기간 산모 도우미가 집으로 방문해서 도와주는 지원을 받는다. 만약 보험료를 낼 수 없는 형편인 경우 정부가 보조금을 지급해서 산모 도우미 서비스를 받을 수 있도록 해준다. 블록체인이 도입되기 전 산모 도우미 비용을 지원받는 방법은 다음과 같았다. 산모 도우미가 산모의 집을 방문해서 청소 등 여러 가지 일을 한 후 정해진 종이 서식에 몇 시에 와서 몇 시까지 일을 했다는 것을 산모에게 확인받는다. 산모 도우미가 이 확인서를 산모지원 기관에 제출하면 해당기관에서는 이 정보를 보험사에 넘긴다. 보험사에서는 수주 후에 산모지원 기관에 비용을 지급하고 이 돈은 다시 산모 도우미에게 지급된다. 그런데 매번 올 때마다 종이에 체크하는 것도, 체크한 종이를 관계기관에 제출하는 것도 상당히 귀찮은 일이다. 산모 도우미가 일하고 비용을 받는 데까지 걸리는 시간은 대략 한 달이 넘는다. 일을 한 후 돈을 받기 위해 몇 주를 기다려야 하는 것도 대단히 불합리하다.

블록체인을 도입하고부터 프로세스가 바뀌었다. 산모 도우미와 산모는 각각 앱스토어에서 스마트폰용 전용앱을 다운로드받는다. 산모 도우미가 일을 한 후 산모 도움이용 앱에서 산모용 앱으로 근무 시간 확인을 요청하면 산모는 산모용 앱으로 도우미가 일한 시간을 확인해준다. 그러면 이 정보는 바로 블록체인에 기록되고 그다음 날 산모 도우미에게 비용이 자동으로 지급된다. 종이가 없어졌고, 수주 넘게 걸리던 보조금 지급 시간이 1일 간격으로 확 줄어들었다. 종이에 기록하고 종이를 제출하러 가야 하는 번거로움도 없어졌다. 화폐의 순환 속도도 최소 30배 이상 빨라졌다. 행정 시스템이 자동화되면서 편의성과 행정 처리 속도가 비약적으로 향상된 것이다.

이 서비스는 네덜란드 보험사인 VGZ와 네덜란드의 국가 건강관리소 National Health Care Institute가 공동으로 운영하고 있다. 보험사, 산모 도우미, 산모 모두에게 좋은 평가를 받았다고 한다. 2018년 3월에는 이 서비스를 받은 첫 번째 '블록체인 베이비 Blockchain baby'가 태어났다

40여개의 네덜란드 블록체인 프로젝트를 총괄하고 있는 마를로스 폼프. 그녀는 네덜란드에서 진행되는 여러 프로젝트들의 내용과 현황을 자세하게 소개해주었다. (사진 ⓒ 전명산)

며 언론에 회자되기도 했다.[51] 마를로스 폼프는 이 프로그램이 소규모 테스트를 넘어 연말쯤에는 시 전체로 확대될 예정이라고 말했다.

 산모 지원 프로그램 외에 네덜란드는 여러 가지 보조금을 지급하는 데도 블록체인을 활용하고 있다. 예를 들어 정부 보조금을 바우처(일종의 교환권이나 쿠폰) 형태로 받는 경우, 기존에는 상점에 가서 해당 바우처를 제시하면 점주는 바우처를 받은 후 관공서에 제출하고 해당 문서의 유효성이 확인된 후에야 법정 화폐로 지급받았다. 그러나 이제는 점주가 관공서에 문서를 제출할 필요없이 블록체인의 스마트 컨트랙트를 이용해 실시간으로 해당 바우처의 유효성을 확인할 수 있게 된 것이다. 현재 블록체인 기반의 정부 보조금 관리 서비스는 사우드호른시를 포함 3개 도시에서 서비스되고 있다. 마를로르 폼프에 따르면 연말에는 암스테르담을 포함해 총 15개 도시까지 확장될 것이라고 한다.

  이처럼 네덜란드에서는 블록체인 및 스마트 컨트랙트 기반의 행정 시스템들이 하나씩 현실에 도입되고 있다 유럽 밖에서도 이와 같은 흐름을 확인할 수 있다. 두바이는 이미 의료정보 시스템에 블록체인을 적용해서 자동화된 의료 지원 행정 서비스를 구축하고 있다.[52] 두바이 정부의 블록체인 기반 의료정보 시스템은 환자의 병력, 진료 기록, 처방전, 투약 기록 등을 블록체인에 저장하고 의료기관들은 해당 정보를 실시간으로 참조할 수 있다. 이 시스템이 도입되면 환자가 어떤 이유로 의료기관을 변경했을 때 새로운 의료기관은 기존에 다른 의료기관에서 기록한 환자 정보-병력, 진료기록, 투약 기록, 체질 등-을 참조하여 연속적이고 일관된 의료 서비스를 제공할 수 있다. 지금까지 의료 서비스는 의료기관마다 각각 환자 정보를 관리해왔기 때문에 진료나 치료나 처방의 일관성을 확보할 수 없었다. 더 나은 진료를 받기 위해 혹은 병명을 확신하기 위해 새로운 의료기관을 찾아가면 피검사부터 엑스레이, 초음파, MRI 등 각종 진단을 처음부터 해야 하는 경우가 비일비재하다. 몸이 아픈 환자에게는 중복 지불되는 비용도 비용이려니와 이러한 과정 자체가 이중 삼중의 고통이다. 이런 불합리한 의료 서비스를 개선하기 위해 새롭게 제시된 개념이 '환자를 따라가는 서비스Following the patients'다. 의료 서비스가 환자를 따라가면서 환자에게 필요한 정보를 제공함으로써 환자를 가능한 적게 괴롭히면서 보다 정확한 의료 서비스를 제공하려는 것이다. 두바이 시정부는 환자의 의료기록을 블록체인에 연결해 각 의료기관들이 실시간으로 공유함으로써 자동화된 의료 지원 서비스, 즉 '환자를 따라가는 서비스Following the patients'를 구현하고 있다.

아직까지 이와 같은 사례들은 소규모의 현장 테스트 단계이다. 하지만 블록체인 기술이 실제 현실에서 사용될 수 있다는 사실을 증명한 것이다. 이런 서비스들이 실제 우리 현실에 적용된다면, 위에서 언급된 사례들이 보여주듯, 데이터 실시간 검증 및 처리로 행정 처리 속도와 사용자 편의성이 획기적으로 개선될 것이다. 행정 데이터의 신뢰성이 제고되는 것은 물론이다. 더 나아가 지금까지 주로 사람의 손으로 데이터를 처리하던 현재의 행정 시스템과는 사뭇 다른 형태의 행정 시스템, 즉 규칙과 절차가 스마트 컨트랙트에 내장되어 자동 실행되는 자동화된 행정 시스템이 등장하게 될 것이다.

물론 블록체인상에서 작동하는 스마트 컨트랙트 기능은 아직 넘어야 할 관문이 많다. 당장 대규모로 서비스를 제공하는 것이 가능한지 아직 확인되지 않았다. 비교적 많은 트래픽을 처리할 수 있는 블록체인 기술들이 이제 막 개발되는 중이기 때문이다. 또한 마를로스 폼프에 따르면 산모 도우미 서비스는 블록체인상에서 프라이버시 데이터를 다루는 문제를 풀어야 한다. 현재는 누가 언제 어떤 서비스를 받았다는 사실이 블록체인에 기록되기 때문에 프라이버시 이슈가 존재한다는 것이다. 아직까지 이 부분에서 해당 데이터를 지워달라는 사용자들의 항의나 요청은 없었다. 하지만 유럽 개인정보 보호법 GDPR 이슈를 피하고 대규모의 서비스를 제공하기 위해서는 블록체인에서 개인정보를 안전하게 다룰 다른 방법을 찾아야 한다.

더불어 스마트 컨트랙트의 보안 문제도 넘어야 할 산 중의 하나이다. 물론 통상 정부 프로젝트들은 실제 서비스를 오픈하기에 앞서 보안 점검을 철저하게 하기 때문에 지금껏 블록체인 세계에서 일어나는 수준의 어이없는 해킹 사건들이 쉽게 발생하지는 않을 것으로 보인다. 그럼에도 불구하고 스마트 컨트랙트 기능을 제공하는 플랫폼 자체에서 보다 안전한 개발 방법론을 제공하는 것이 필수적이다.

이런 이유로 이더리움의 뒤를 이어 3세대 블록체인이라고 분류되는 퍼블릭 블록체인 프로젝트들 중에는 보다 안전한 스마트 컨트랙트 기능을 개발할 수 있는 새로운 구조의 스마트 컨트랙트 개발 환경을 구축하려는 프로젝트들이 있다. 예를 들면 테조스는 오캐멀 OCaml이라는 형식 검증 Formal verification 언어를 사용하고, 에이다는 하스켈 Haskel이라는 형식 검증 언어를 사용하여 스마트 컨트랙트의 보안성을 확보하려는 계획을 가지고 있다. 카데나 Kadena 프로젝트는 개발된 스마트 컨트랙트 소스를 수학 로직으로 변경하여 코드의 논리적 오류나 버그를 검증하는 방식으로 스마트 컨트랙트의 안정성을 확보하려는 계획을 가지고 있다. 보스 플랫폼은 아울 OWL, Web Ontology Language와 탈 TAL, Timed Automata Language이라는 개발 언어로 스마트 컨트랙트의 안전성을 보장하는 새로운 아키텍처를 개발 중이다. 이러한 방법들은 개발 환경상에서 코드의 안정성이나 무결성을 확보하려는 작업이기에 상당히 도전적인 과제이다. 따라서 산업 현장에서 쓸 수 있는 수준의 결과물이 나오기까지는 제법 오랜 시간이 걸릴 것으로 예상된다. 이 외에도 블록체인 외부에 존재하는 데이터들의 무결성을 담보하는 방법, 프라이버시 데이터를 다루는 방법, 대용량 데이터를 다루는 방법 등 풀어야 할 숙제들이 많다.

그렇지만 비록 제한적이고 소규모이긴 하지만 스마트 컨트랙트 기반의 행정 시스템이 현실에서 작동한다는 사실이 검증되었다는 것은 언젠가는 보다 자동화된 형태의 행정 시스템들이 우리 사회에 전면적으로 도입될 수 있다는 것을 의미한다.

3
행정 자동화는 필연적이다

 이러한 행정 자동화가 우리 사회에 미치는 영향은 무엇일까? 첫 번째, 당장 위에서 보았듯이 정부 행정 시스템의 처리 속도가 상당히 빨라진다. 기존에는 직급을 따라 올라가며 혹은 여러 부서나 관계 기관을 거치면서 여러 사람이 서류의 진본 여부를 확인하는 과정 때문에 행정 처리에 오랜 시간이 걸렸다. 반면 이제는 그러한 과정들이 거의 실시간으로 처리되기 때문에 행정 처리 자체에 들어가는 시간이 급격하게 줄어든다.

 두 번째, 정보의 진위를 확인하는 과정 자체가 아주 간단해진다. 일단 블록체인에 저장된 데이터는 믿을 수 있다. 또한 블록체인은 공유 데이터베이스이기 때문에 저장된 정보를 다수의 참여자들이 실시간으로 확인할 수 있다. 기존에 이메일이나 팩스로 데이터를 주고받는 방식으로 정보를 공유하는 행위 자체에 상당한 시간이 소요되었다. 그러나 블록체인은 실시간으로 데이터가 동기화되기 때문에 별도로 정보 공유를 위한 노력과 시간을 쓰지 않아도 된다. 또한 정보의 신뢰성이 획기적으로 향상되기 때문에 아주 정확하고 빠른 행정 시스템을 구축할 수 있다.

세 번째, 행정 처리 절차가 자동화되고 간소화되기 때문에 행정 처리를 위해 필요했던 수많은 인력들이 상당수 필요 없어지게 된다. 기술이 성숙되어 이러한 과정이 가속화되면 행정 시스템의 상당 부분은 단지 법에 정의된 규칙 및 이 법을 소프트웨어로 구현한 프로그램 그리고 이 소프트웨어를 개발하고 유지 관리하는 인력들을 중심으로 재배치될 것이다. 이는 곧 대부분의 나라에서 인구의 2~3%를 차지하는 방대한 공무원 조직이 일정 부분 필요 없어진다는 것을 의미한다.

더 나아가서 네 번째, 국가 행정 시스템의 상당 부분은 사람의 손으로 작동하는 서비스가 아니라 행정 시스템 자체가 보이지 않는 존재가 되어 프로토콜로 구현된 자동화된 서비스만 존재하게 될 것이다. 관료제는 사실상 기계다.[53] 관료가 일을 처리하는 과정은 기계적인 과정이다. 하는 일도 정해져 있고 일하는 방법도 정해져 있다. 다만 그 기계의 역할을 사람이 하고 있다는 것이 다를 뿐이다. 관료제는 사전에 합의된 프로토콜에 기반해 작동한다. 그리고 관료제는 그 특성상 개인을 차별하지 않는다. 모두에게 똑같은 프로토콜이 적용되어야 이상적인 관료제다. 기계는 정해진 절차에 따라 정해진 일을 반복적으로 수행하며 개인을 차별하지 않는다. 그렇다면 관료제가 기계로 대체되지 않을 이유가 없다. 다만 IT 기술이 충분히 발전하기 전까지는 인간이 처리할 수 있는 수준의 복잡한 작업을 따라할 수 있는 기계를 만들 수 없었을 뿐이다. 그런데 IT 기술이 고도로 발달한 지금은 복잡한 과정을 자동화하는 것이 가능해졌다. 또한 인간이 하기 어려운 일을 훨씬 잘 처리하는 기계들이 쏟아지고 있다. 블록체인은 이 처리 과정에서 데이터의 위변조나 해킹 가능성을 상당한 수준으로 차단해준다. 즉 데이터의 처리나 보관에서 기존에는 불가능했던 수준의 신뢰성을 확보할 수 있다. 상황이 이러하다면 기존의 관료제 처리 기능을 블록체인 기반의 IT 시스템으로 바꾸지 않을 이유가 없다. 다만 현재 시점에서는 블록체인 기술이 가진 한계 때문에 적용 속도가 느린 것뿐이다.

이와 같은 흐름은 아직은 맹아 수준의 초기 형태일 뿐이지만 행정 시스템이 이렇게 변화되는 것은 시간 문제일 뿐이다. 블록체인이 아니더라도 IT 기술을 활용한 처리 프로세스의 자동화는 이미 사회 전체에 확산되고 있는 거스를 수 없는 물결이며 정부 조직 역시 그것을 피해갈 수 없기 때문이다.

그런데 이와 같은 미래의 흐름을 먼저 읽고 다른 국가들은 미처 생각하지도 못한 전략으로 움직이는 나라가 있다. 바로 에스토니아다. 에스토니아는 이미 '보이지 않는 정부Becoming Invisible'라는 개념으로 이와 같은 변화를 정식화하고 전략적으로 추진하는 중이다. 에스토니아의 블록체인 활용 현황 및 디지털 시대의 전략에 대해서는 6장과 7장에서 자세하게 다룰 것이다.

5장

규제와 협력 사이
: 독일의 경우

우리는 규제 전에 토론을 한다!

1
호환마마보다 무서운 암호화폐

암호화폐가 호환마마보다 무서웠던 것일까? 한국정부는 2017년 5월 10일 보스 플랫폼이 국내에서 처음으로 ICO를 마친 몇 개월 후 ICO 전면 금지를 선언했다. 증권 성격의 토큰을 포함해 모든 유형의 ICO를 불법으로 간주하겠다는 것이다. 그러나 정부가 ICO를 금지한 이후 1년 남짓의 시간 동안 다소 부정적인 시그널을 보낼 뿐 공식적으로는 침묵해왔다. 드디어 2018년 11월에 ICO에 대한 명확한 가이드를 제공하는가 싶더니[54] 결국 2019년 1월 31일에 ICO 금지 정책을 고수하기로 했다.

지금까지 한국의 블록체인 및 암호화폐 산업을 둘러싼 정부와 관련 업계의 현황을 비유하자면 부부싸움 후 각자의 방에 틀어박힌 부부의 상황에 비유할 수 있을까? 서로 이해하지 못한다며 마음속에 불만을 잔뜩 품고는 씩씩거리면서 저쪽 방에서 무엇을 하고 있나, 무슨 소리가 들리나 귀를 곤두세우며 상대의 일거수 일투족에 신경 쓰고 있는 그런 상황 말이다. 상대방이 먼저 말을 걸어주기를 기다리며, 그러면서 말을 걸어오면 2차전을 해야 할지 화해의 제스처를 내밀어야 할지 고민스러운 그런 상황 말이다. 정부는 '너는 왜 그렇게 위험하고 비윤리적인 사업을 하려고 하느냐?'라고 비난해왔고, 관련 업계는 '왜 시대적 상황을 파악하지 못하고 낡은 방식으로 규제만 고집하느냐?'고 반문을 계속했다. 물론 필자는 후자의 입장이다. 그럼에도 불구하고 정부의 입장이 이해가지 않는 것은 아니다.

필자가 보기에 블록체인과 암호화폐 산업을 둘러싸고 각국의 규제 당국, 특히 한국의 규제당국이 처한 상황은 다음과 같이 요약할 수 있을 것 같다. 가장 먼저 각 나라의 규제 당국의 공통적 문제이자 환경은 이 새로운 산업에 대한 지식이 많지 않다는 것이다. 규제 당국 담당자들을 비하하려는 의도가 아니다. 일부 담당자들이 공부하고 노력하고 있긴 하지만, IT 산업에 전문적인 지식을 가진 사람들이나 심지어 개발자들조차도 블록체인을 이해하는 데 애를 먹을 만큼 웬만큼 공부해서는 이 영역을 이해하기 쉽지 않기 때문이다. 더구나 시장이 변화하는 속도는 상상을 초월한다. 시장과 기술을 이해하기 위해 각고의 노력 끝에 간신히 비트코인과 이더리움이 뭔지 이해했다. 그런데 시장에서는 아예 증권을 코인으로 발행하겠다느니, 부동산 소유권을 토큰으로 변환해 글로벌로 유동화 시키겠다느니, 비트코인이나 암호화폐가 가진 급격한 변동성을 보완하기 위해 가치 고정 코인인 스테이블 코인Stable coin을 만들겠다느니 하고 있다. ICO를 규제하는 사이에 거래소를 통해 암호화폐를 공개하는 IEOInitial Exchange

Offering라는 새로운 방식이 나왔다. 또 거래소를 어떻게 규제해야 하나 고민하는 사이 거래소 자체 코인을 발표하고 해당 코인으로 수익을 공유하여 신규 유입자를 유치하는 새로운 전략을 쓰고 있다. 더 나아가 라인이나 카카오톡 같은 성공한 벤처들도 자체 코인을 발행하고 나섰다. 2018년 말에는 증권법이나 정부기관의 가이드에 따라 증권형 토큰을 발행하는 STOSecurity Token Offering에 대한 관심이 집중되었다. 급기야 2019년에 들어서자마자 나스닥에 이미 상장된 주식을 토큰으로 유동화해 거래시키겠다는 모델까지 등장했다.[55] 이처럼 하나를 이해하려고 노력하는 사이 시장에서는 그다음 단계의 파괴적 혁신이 진행되고 있으니 이해하기는커녕 트렌드를 쫓아가는 것만으로도 숨가쁘다. 규제와 현실 사이에 간극이 발생하는 것은 지극히 당연하다고 볼 수 있다.

두 번째, 블록체인에 내재된 철학 자체가 기존의 중앙 집권식 관료제와는 다른 분산Distribution과 탈중앙화Decentralization를 지향하기 때문에 수직적인 구조의 전통 관료 조직에 익숙한 사람들에게 이 기술이 낯설고 심지어 두렵게 느껴지는 것은 당연할 것이다. 블록체인 진영에서 추구하는 이상적인 조직 혹은 시스템의 모델은 분산자율 조직, 즉 다오DAO, Decentralized Autonomous Organization로 대표된다. 이 모델의 기본 원리는 소프트웨어로 구현되어 자동으로 그리고 강제적으로 작동하는 규약protocol만 존재하고 정부, 규제, 중앙 관리와 같은 개념은 보조적인 장치로 존재하게 된다. 따라서 규제 당국에서 일하는 사람이라면 이 기술 자체에 대해 본능적으로 정서적 반감을 가질 수도 있다. 이미 구축되어 잘 작동하는 기존의 질서를 뒤흔들 것 같은 힘이 느껴지기 때문이다. 그리고 블록체인이 이러한 잠재력을 가지고 있다는 것은, 적어도 필자가 보기에는 사실이다.

시장의 안전성을 감독하는 입장에서는 이러한 기술의 등장이 곤혹스러울 수밖에 없다. 블록체인 산업에 대해 퍼블릭 블록체인과 프라이빗 블록체인을 선별 대응해야 한다는 정부 일각의 사고 밑바닥에는 단순히 토큰이 있느냐 없느냐, 자산으로 분류할 것이냐 화폐로 분류할 것이냐 하는 문제를 넘어서 기존 질서를 뒤흔들지도 모르는 파괴적 기술에 대한 거부감 혹은 반감이 작동하는 것 같다. 이 기술의 정체와 본질을 이해하는 것도 쉽지 않은데 만만하지 않은 기운이 감돌고 있으니 당장 경계부터 하고 보는 것이 어쩌면 당연할 수도 있을 것이다.

세 번째, 이 기술과 산업의 작동 범위는 개별 국가의 경계를 넘어선다. 근대 국가 및 근대 시민사회가 형성된 이후 정부의 역할은 각 국가들의 영토적 경계가 명확하고 각 국가에 속한 시민들의 신원정보를 신생아 한 명까지 명확하게 파악한 상태에서 해당 영토와 시민들을 관리하고 보호하는 것이었다. 경제 시스템 역시 명확하게 국가 간의 경계가 정해진 상태에서 개별 국가 단위로 작동해왔다. 근대 경제학은 바로 이러한 '국가 단위' 생활 공동체를 기반으로 만들어진 학문이다.

그런데 블록체인과 암호화폐 산업은 그 기반 자체가 글로벌이다.[56] 즉 개별 국가들의 독자적이고 독립적인 규제 혹은 관리가 이전만큼 잘 작동하지 않는다. 일례로 한국이 ICO 금지를 표방하며 억압 정책을 내세우자 한국발 프로젝트들 수백 개가 스위스, 몰타, 지브롤터,

ICO란 블록체인 기반 업체가 블록체인상에서 토큰을 발행하거나 혹은 토큰 발행을 약속하고, 전세계에서 다수의 개인들에게 프로젝트 자금을 지원받는 행위를 의미한다. 현재까지 진행된 ICO 갯수는 약 5,000여 개로 추정되며, 이를 통해 약 수십조의 자금이 조달되었다. 그러나 이들 프로젝트 중 90% 이상이 검증되지 않았거나 또는 사기성 프로젝트라는 것이 일반적인 평가다. 2017년 말의 광풍과 2018년의 시장 침체를 통한 학습효과로 현재는 다소 엄격하게 프로젝트를 걸러내는 기제가 일부 작동하기 시작했다.

싱가포르, 홍콩 등으로 나가서 ICO를 진행했다. 한국처럼 ICO를 전면 금지한 중국 역시 수백 개의 팀들이 싱가포르나 홍콩 등을 통해 ICO를 진행했다. 이처럼 이 산업은 개별 국가가 막을 수 없고 개별 국가 내에서 완벽하게 규제하기 쉽지 않다. 따라서 규제 당국 입장에서는 정부가 규제하고자 해도 쉽게 규제되지 않는 이 상황이 당황스러울 것이다.

더불어 개별 국가 단위 규제가 쉽지 않기 때문에 G20이 공동 대응을 하고는 있지만 여러 차례 일정을 늦추고 있다. 이 기술의 특징과 영향력을 평가하고 규제를 만들기에 아직 시간이 턱없이 부족한 것이다. 특히 2018년 3월 G20이 시작될 때 처음에는 암호화폐에 대해 강력한 규제안이 제출될 것이라고 예상했지만,[57] 실제 도출된 결과는 '암호 자산Crypto Asset'이라는 개념으로 법적 지위를 부여하는 쪽으로 방향이 잡혔다.[58] 일방적인 규제만으로는 이 시장을 통제할 수 없다는 사실이 G20 내에서 설득력을 얻고 있다. 국가별로 입장 차이는 있었지만 G20에 속한 대부분의 나라들 역시 이 산업을 두고 경쟁하는 관계에 있기에 강한 규제에 합의하기 쉽지 않았던 것으로 보인다. 최근 G20은 암호화폐가 테러자금 지원이나 자금세탁 등에 사용되지 않도록 하는 방향으로 규제틀을 잡고 있다. 이를 위해 국제자금세탁방지기구FATF, Financial Action Task Force에 규제 가이드라인을 만들 것을 요청한 상태다. 일단은 해당 산업이 악용되지 않도록 최소한의 규제만을 하겠다는 것이다.

 네 번째, 기존의 IT 스타트업들은 이미 존재하는 경제 게임 안에서 자신들의 비즈니스를 만들어왔기에 혁신적이고 창조적인 모델이라고 말할 수는 있어도 '파괴적'이라고까지 표현하기에는 다소 부족한 측면이 있었다. 그러나 블록체인 기반의 스타트업들은 현존하는 경제의 작동 법칙과 로직 자체를 실험 대상, 비즈니스 대상으로 삼고 있다.[59] 즉 그들 스스로 자신들이 하는 작업이 무엇인지 인식하고 있든 인식하지 못하고 있든 간에 그들은 전혀 새로운 규칙을 가진 경제 시스템을 설계하고 그것을 현실에서 작동시키고 있는 것이다. 또한 기존에 스타트업들은 이미 존재하는 법정 화폐 시스템과 금융 시스템이 제공하는 서비스를 이용하는 이용자의 입장이었지, 화폐 시스템이나 금융 시스템 자체를 직접 다루는 비즈니스를 만든 것은 아니다. 그러나 블록체인 스타트업들은 대부분 스스로 독자적인 경제 시스템을 만들고 그 경제 시스템 내에서 작동하는 독자적인 암호화폐를 도입하고 있다. 기존에는 국가의 독점 영역이던 경제 시스템 자체, 화폐 시스템 자체가 스타트업들의 실험과 도전과 비즈니스의 대상이 된 것이다. 그런데 한 국가의 경제 시스템을 운영하는 정부 입장에서는 이와 같은 시스템이 자칫 오작동하는 경우 경제 시스템 자체에 균열이 생긴다는 것을 너무도 잘 알기에 이와 같은 파괴적인 기술과 산업의 등장이 당황스러울 수밖에 없을 것이다. 아니, 한 국가의 경제 시스템을 운영하는 담당자들 입장에서는 이와 같은 산업이 등장했다는 사실을 인지하고 인정하는 것 자체가 쉽지 않은 일이다. 이것을 받아들이려면 새로운 기술과 비즈니스 구조를 이해하는 것만이 아니라 기존에 경제 시스템에 대한 지금까지의 지식과 이해까지도 어느 정도는 수정해야 하기 때문이다.

다섯 번째, 스타트업들이 자산 혹은 화폐를 직접 다루는 비즈니스를 하다 보니 이 산업에 너무나 많은 욕망과 욕심들이 몰려들고 있다. 실제로 이 산업 영역에서 온갖 다단계 조직들과 사기성 프로젝트들이 판치고 있다는 사실을 부정하기 어렵다. 특히 2018년은 스캠의 해라고 불러도 될 만큼 많은 스캠 프로젝트들이 시장을 흐려놓았다.[60] 또한 많게는 하루에 수십에서 수백 % 넘게 가치가 변동하는 시장 그리고 이 위험한 게임에 뛰어드는 불나방 같은 개인들을 보고 있자면 긍정적인 부분보다는 사행성, 사기, 가격 조작과 같은 부정적인 요인들이 먼저 눈에 띄는 것이 당연할 것이다. 게다가 현업에 있는 필자조차도 좋은 프로젝트와 사기성 프로젝트를 분별하는 것이 쉽지 않을 때가 있다. 필자가 보기에도 이 산업이 아슬아슬한데 경제 시스템의 안전성과 윤리성을 책임져야 하는 규제 당국의 눈에 이 현상이 곱게 보일 리 없을 것이다.

여섯 번째, 여러 사람들이 지적하듯이 퍼블릭 블록체인 산업은 아직 가시적인 비즈니스가 없다. 산업이라고 한다면 시장에서 '자산'으로서의 가치는 거의 인정받았지만 아직 화폐의 지위를 인정받지 못한 애매한 위치에 있는 암호화폐 거래 시장만 존재할 뿐이다. 물론 다른 비즈니스가 시도되지 않은 것은 아니다. 가장 많이 시도된 비즈니스 모델은 분산 어플리케이션dApp 플랫폼이다. 분산 어플리케이션 플랫폼이란 블록체인 위에 프로그램 혹은 서비스를 올릴 수 있는 구조를 제공하고 서비스 제공자나 서비스 사용자에게 수수료를 받는 모델이다. 그러나 첫 번째로 등장한 플랫폼인 이더리움은 상용 서비스를 제공할 수 없는 수준의 성능을 가지고 있다. 잠깐 인기를 끌었던 크립토키티CryptoKitties는 이더리움 네트워크 대부분의 리소스를 사용하면서 이더리움 네트워크를 불안하게 만들었고, 서비스의 성공 조짐 자체가 이더리움 플랫폼이 가지고 있는 성능의 근본적 한계를 극명하게 드러낸 것이다.[61] 이를 통해 증명된 것은 블록체인 위에 프로그램 혹은 서비스를 올릴 수 있다는 것뿐이다. 오히려 역설적으로 적어도 현재 단계에서는 블록체인을 기반으로 한 어떤 서비스를 비즈니스나 사업 수준으로 할 수는 없다는 것이 확인된 것이다. 2018년 6월 정식으로 메인넷을 오픈한 이오스 역시 산업적으로 의미 있는 비즈니스를 작동시킬 수 있는 플랫폼인지 아직 확인되지 않았다.

또 다르게 시도되는 비즈니스 모델은 암호화폐를 지급 결제 모듈로 사용하려는 것이다. 카드와 연동하여 선불카드 개념으로 암호화폐를 사용할 수 있도록 하거나 혹은 기존의 온라인 지급결제 시스템에 암호화폐 결제 기능을 추가하는 등 여러 가지 방식으로 시도되고 있다. 그러나 아직까지 업계에서 인정할 만한 수준의 비즈니스 모델이 만들어진 상황은 아니다.

암호화폐 가치의 급격한 변동성도 안정적인 서비스를 구축하는 데 장애물로 작용하고 있다. 암호화폐를 지급결제 수단으로 사용하려는 시도들에 대해서 마뜩지 않게 바라보며 시시때때로 해당 서비스에 제한을 가하는 각국 정부들의 규제도 이 서비스가 확장하는 것을 막는 요인이다. 따라서 "퍼블릭 블록체인과 암호화폐를 도대체 어디다 쓰려고 하느냐?" "기술은 좋은데 쓸모가 없다"는 비판은 적어도 이 책을 쓰고 있는 2019년 4월까지는 유효한 비판이다.

2
방황하는 한국정부

그런데 그럼에도 이 산업을 규제 일변도로 몰고 갈 수 없다는 사실을 정부 당국도 인지하기는 한 것 같다. 산업 자체가 이미 글로벌 트렌드를 형성하고 있고 실물 경제와의 접점을 하나씩 늘려가고 있기 때문이다. 지난 2018년 7월 27일 통계청에서 '블록체인기술 산업 세부 분류'안을 고지한 것이나, 2018년 하반기에 있었던 블록체인 콘퍼런스에 유영민 과학기술부 장관이 참석해서 축사를 했던 것이나, 그리고 정부가 11월 내에 ICO 관련 정책을 발표하겠다고 했던 것이나, 2019년 1월 기획재정부가 블록체인 기술을 신성장기술 연구개발 비용 세액공제 대상에 블록체인을 포함한 것[62] 등은 이 산업을 무시하거나 혹은 단순히 억압하는 정책으로 일관할 수 없다는 것을 한국정부가 인지했다는 사실을 보여준다.

사실 그동안 한국정부는 2018년 말과 2019년 초의 강경 발언을 제외하고 지금까지 블록체인과 암호화폐 산업의 진행 현황을 지켜보고 있었다. 정부에서는 더 이상의 강경 발언이 나오지 않았으며 간헐적인 경고음 정도만 나왔을 뿐이다. 정부의 금지 정책을 피해 해외로 나간 ICO 프로젝트들에 대해서도 아직까지 직접 제재를 하지는 않고 있다. 정부의 의도였든 의도가 아니었든, 우연이었든 필연적이었든 큰 틀에서는 '지켜보며 관찰하기 Wait and See' 정책을 실행하고 있다고 볼 수 있다.

하지만 정책이 집행되는 현장의 속살을 살펴보면 '지켜보며 관찰하기'를 벗어난 증거들이 제법 보인다. 2018년 9월에 있었던 거래소 벤처기업 제외 정책은 그 제외 범위에 속하는 사업 영역이 유흥주점업이나 사행성 산업[63]이라는 측면에서 다소 당황스러운 부분이 없지 않다. 2019년 1월 31일 발표된 'ICO 금지 정책 유지'는 다른 것을 다 떠나서 그 정책 자체가 별로 실효성이 없다는 측면에서 아쉬울 뿐이다. 또한 '창구지도'라는 비공식적 규제를 통해 블록체인 관련 업체의 은행 통장 개설을 금지한거나 해외 송금을 차단한다든지 하는 일들은 지나친 규제와 간섭이라는 비판을 피하기 어렵다. 전체적으로 산업 자체의 안전성과 건전성을 지키려는 의지라는 측면에서는 어느 정도 이해할 수 있는 부분이 없지 않지만, 또한 파괴적인 산업을 제대로 다루지 못할 경우 발생할 부작용에 대해 책임을 지지 않으려고 갈팡질팡하는 듯한 정부의 모습을 보고 있자면 답답하기 그지 없다.

그렇다면 다른 나라들은 어떨까? 당장 눈에 띄는 것은 ICO에 적극적인 나라들이다. 몰타와 필리핀은 합법적으로 ICO를 할 수 있는 법안을 통과시켰다. 이보다 먼저 스위스와 싱가포르는 ICO를 진행할 수 있는 가이드라인을 만들어 각각 수백 개 이상의 회사 혹은 재단을 유치하고 있다. 이 외에도 지브롤터, 홍콩, 에스토니아, 프랑스, 태국, 버뮤다 등도 ICO 산업 유치에 적극적이다. 최근에는 말레이시아도 동참했다. 이 반대편에는 ICO를 공개적으로 억제하거나 금지하고 있는 중국, 한국, 인도 등의 나라들이 있다. 언론에는 주로 이 두 대립적인 행보가 보도된다(2019년 들어 인도는 암호화폐 합법화에 대해 논의 중이다).

그런데 이와는 대조적으로 조용하고 침착하게 대응하는 나라들이 있다. 독일이 그중 하나다. 필자가 직접 확인한 독일의 경우 상당히 합리적이고 장기적인 관점에서 접근하고 있다는 생각이 들었다.

3
규제? 응? 뭐라구요?

 2018년 6월 29일에 한국 기자단이 독일 블록체인연방협회Blockchain Bundesverband를 방문[64]해 플로리안 그라츠 협회장과 요하임 로캄프 이사를 각각 만나서 독일의 스타트업과 블록체인 산업 문화, 독일 현지의 블록체인 프로젝트 진행 현황, 정부의 블록체인 정책, 정부 및 정치권과 블록체인연방협회의 협력 방식 등 여러 가지 방면의 이야기를 들을 수 있었다.

 독일 블록체인연방협회는 2017년 6월 29일 독일 의회 산하에 설립된 민관협력기구다. 우연히도 우리가 방문한 날은 마침 이 협회가 출범한 지 딱 1년째 되는 날이었다. 한국은 수십 개의 블록체인 관련 협회와 단체들이 난립하고 있지만 독일은 단 하나의 협회만 있다. 이 협회에는 이오타, 슬록잇, 지노시스, 패리티 등 독일 기반의 유명한 블록체인 프로젝트들과 더불어 각 주요 정당들도 참여해 있다.

2017년 6월 29일 플로리안 그라츠 협회장이 소개한 독일 블록체인연방협회 창립식 장면. (사진 ⓒ 전명산)

우리가 요하임 로캄프 이사를 만나 한참 설명을 듣던 중 기자들이 독일의 ICO 규제에 대해 물었을 때 그의 반응은 아주 인상적이었다. "규제요? 뭐요?" 그가 말을 못 알아 들었다기보다는 왜 이 대목에서 기자들이 규제에 대한 질문을 하는지 질문의 맥락을 이해하지 못하는 듯했다. 한참 그가 독일의 정부, 의회, 그리고 블록체인 업체들이 어떻게 대화하고 협업하는지에 대해 설명하던 중이었기 때문이다. ICO를 전면 금지한 한국의 상황을 부연 설명하자 그제야 질문의 의도가 무엇인지 이해했다. 한국의 상황이 독일에서는 대단히 낯선 풍경이었던 것 같았다.

요하임 로캄프와 플로리안 그라츠의 설명에 따르면 독일 블록체인 연방협회는 매주 2~3회씩 독일 의회, 정당, 정부의 블록체인 담당자들을 만나서 설명하고 있다고 했다.[65] 이렇게 자주 만나는 이유는 블록체인 산업은 현재 아주 초기단계이고 정부에는 전문가라고 할 만한 사람이 없기에 제대로 규제하기 위해서는 정부와 의회 관계자들이 먼저 해당 기술과 산업을 이해해야 하기 때문이라는 것이다. 이는 비단 블록체인 기술만이 아니다. 독일은 새로운 것이 나왔을 때 규제하기 전에 먼저 이것이 무엇이고 이것을 어떻게 수용할 수 있는지 확인하기 위해 토론을 한다고 했다. 명확하게 이해를 해야 합리적인 규제 방법을 만들 수 있다고 생각하기 때문이다.

이를 위해 독일은 연방 의회, 독일 정부의 경제부, 내무부, 교육부 그리고 메르켈 수상을 보좌하는 수상 직속 부서 등에 블록체인을 전담하는 담당자를 두고 수시로 협회와 소통하고 있다. 행정부만이 아니라 주요 정당들도 블록체인 전담자를 두고 협회와 수시로 소통한다. 플로리안 그라츠는 정부와 의회가 굉장히 열려 있으며 잘 보조하고 지원해주려는 입장이라고 말했다.

독일은 블록체인 산업에 대해 꽤 포용적인 문화를 가지고 있다. 독일에서 ICO를 하는 것 역시 합법이다. 또한 정부가 나서서 산업을 관리하고 있다. 독일의 금융감독청인 바핀BaFin에서는 토큰의 유형을 유틸리티 토큰Utility token과 증권형 토큰Security Token으로 구분해서 관리하고 있다. 바핀은 유틸리티 토큰과 증권형 토큰을 구분해주는 역할을 한다. 특이한 점은 독일은 증권형 토큰을 발행하는 것이 더 쉽다는 점이다. 미국, 싱가포르, 스위스 등은 증권형 토큰에 대해 증권법을 적용해 강력하게 규제하는 데 반해 독일에서는 증권형 토큰은 아주 간단하게 만들 수 있고 규제도 증권법을 따르지 않고, 증권법의 상위법을 따르면 되도록 아주 간단하게 관리하고 있다. 증권형 토큰

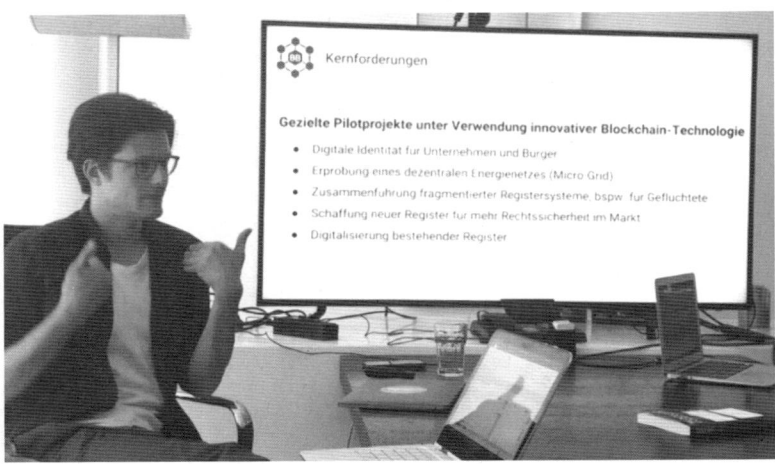

독일 정부의 암호화폐 정책을 설명하고 있는 플로리안 그라츠 독일 블록체인연방협회장.
(사진 ⓒ 전명산)

이라고 하더라도 아직 그 성격이 명확하게 규명되지 않은 것을 증권법으로 관리할 경우, 지나치게 강한 규제를 하거나 혹은 산업을 제대로 이해하지 못하는 규제가 가해질 수 있다는 우려 때문이다.

또한 스위스나 싱가포르와 같은 나라들은 암호화폐를 크게 지불형 토큰Payment token, 유틸리티 토큰Utility token, 증권형 토큰Security token으로 구분한다. 또한 유틸리티로 분류된 토큰에 대해서는 크게 규제를 하지 않고 있지만 지불형 토큰과 증권형 토큰에 대해서는 엄격한 법을 적용하고 있다. 그래서 많은 프로젝트들이 어떻게든 유틸리티 토큰으로 인정받기 위해 노력한다. 규제를 피해가려다 보니 꼼수를 쓰는 경우도 흔하다.

그런데 이와 다르게 독일에서는 유틸리티 토큰으로 인정을 받으려면 일종의 프로토타입을 만들어서 실제 유틸리티 토큰으로 작동하는지 검증받아야 한다. 따라서 유틸리티 토큰 프로젝트를 하는 개발자들은 어느 정도 개발을 해서 검증을 받아야 하는 등 적지 않은 노력을 들여야 한다. 유틸리티 토큰은 발행 이후 특별한 규제를 받지 않기 때문에 사전에 실제로 유틸리티로 작동하는지를 검증하는 장치를 둔 것이다. 이러한 방식은 최소한의 규제틀을 만들면서도 또한 프로젝트가 애초 해당 목적대로 작동할 수 있도록 가이드하는 데 초점을 둔 것으로 보인다. 반면 증권형 토큰은 이미 존재하는 증권법의 상위법을 따르면 되기 때문에 오히려 규제가 간단한 것이다. 이러한 합리적인 환경 덕분에 독일 정부가 공개적으로 ICO 산업에 러브콜을 보내지 않아도 독일, 특히 베를린은 유럽에서 블록체인 산업의 메카 중 하나로 성장하고 있다.

독일만이 아니라 유럽의 대부분 나라들이 이처럼 상황을 지켜보며 블록체인 기술과 관련 산업의 메커니즘을 학습하는 중이다. 이미 2016년 5월 유럽의회European Parliament는 블록체인 기술을 적절히 규제하기 위한 결의안을 투표하고 '불간섭 원칙hands-off approach'을 채택하도록 권고한 바 있다. 또한 정부가 선제적 규제preemptive regulations보다는 '세심한 모니터링precautionary monitoring'을 할 수 있도록 특별위원회를 구성할 것을 촉구했다.[66] 섣부르게 먼저 규제하는 것보다 지켜보면서 부정적인 요소가 무엇인지 파악하고 긍정적인 요소를 극대화하겠다는 의도다.

물론 독일 혹은 유럽의 상황과 한국의 상황은 많이 다르다. 먼저 독일은 블록체인 산업이 한국보다 수년 먼저 시작되었다. 베를린은 이더리움 프로젝트가 시작된 곳이고, 또한 세계에서 가장 먼저 비트

세계에서 처음으로 비트코인으로 맥주를 먹을 수 있었던 베를린의 카페 룸 77. 베를린의 자유로운 문화는 새로운 산업을 개척하는 스타트업들이나 새로운 기술 문화가 쉽게 자리잡을 수 있는 환경을 제공한다. (사진 ⓒ 전명산)

코인으로 맥주를 팔기 시작한 가게 룸 77이 있다. 정부에서 공식 허가를 받아 정부의 규제를 받는 거래소가 처음으로 만들어진 곳도 독일이다. 또한 독일을 비롯한 유럽의 ICO에는 다단계와 같이 지저분한 참여자들이 많지 않다. 블록체인 기술과 문화에 매료된 기술 마니아 층이 두텁게 자리잡고 있기에 개발팀이나 혹은 특정 프로젝트에 자금을 지원한 개인들이나 모두 사뭇 진지하게 블록체인 기술에 접근하고 있다. 한국처럼 ICO 참여 및 암호화폐 투자 광풍이 폭발적으로 불지도 않았다. 따라서 독일은 한국과는 많이 다르게 정부가 당황하지 않고 차분하게 대응할 수 있는 비교적 무난한 환경이었다고 평가할 수 있을 것이다. 하지만 그 밑바탕에는 기존에 없던 새로운 기

2018년 7월 1일 룸 77 앞에서 블록포스트의 허준 기자와 함께 찍은 사진. 비트코인으로 처음 맥주를 사먹을 수 있었던 룸 77에서 떨어지는 비트코인과 암호화폐 시장의 전망에 대해 이야기를 나누었다.

술이나 새로운 산업을 대할 때 '해를 끼치지 않는 것은 금지하지 않는다Do no Harm'는 가이드와 '상황을 지켜보고 이해하고 판단하겠다 Wait and See'는 전략이 작동하고 있다.

4
미래는 규제할 수 없다

　IT 산업과 관련된 영역에서 활발하게 활동하고 있는 구태언 변호사는 『미래는 규제할 수 없다』[67]라는 책의 제목 하나로 정부가 4차 산업혁명으로 등장한 새롭고 파괴적이면서도 피해갈 수 없는 산업들을 어떻게 수용하고 대응해야 하는지 방향을 제시했다. 새로운 산업은 언제나 모호하게 마련이다. 존재하지 않는 영역에서 기존에 존재하지 않았던 새로운 산업이 만들어지고, 또한 이미 존재하는 영역에서는 기존 산업의 룰을 벗어나 새로운 룰이 만들어지기 때문이다. 따라서 새로운 산업은 기존 산업의 이해관계를 침해할 수밖에 없다. 새로운 산업은 산업 전체를 재편하면서 기존 산업의 존재 자체를 없애버리기도 한다. 따라서 기존 산업의 이해관계자들과 충돌이 일어나는 것을 피할 수 없다. 그 과정에서 어쩔 수 없이 선의의 피해자도 생겨나게 마련이다. 결국 어떤 것이 더 효율적이고 생산적인가, 어떤 것이 더 사회에 장기적인 이득을 제공하는지를 두고 치열한 경쟁이 벌어질 수밖에 없고, 경쟁의 결과에 따라 보다 효율적이거나 보다 사용자 친화적인 산업이 우위를 점하게 된다. 그리고 마땅히 그렇게 되어야 한다. 그런데 한국정부는 핀테크가 등장할 때도, P2P 대출이 등장할 때도, 우버가 한국시장에 진출하겠다고 할 때도, 카풀 서비스와 같은 플랫폼 기반 운송 서비스가 등장할 때도 태도가 거의 비슷했다. 전반적인 정책 기조가 기존 산업을 보호하는 쪽에 놓여 있다. 블록체인 산업에 대해서도 마찬가지이다.

  2010년 이후로 등장한 새로운 산업의 구조들은 공통점이 있다. 그것은 금융 시스템, 운송 시스템, 물류 시스템, 상거래 시스템 등 사회경제의 순환을 담당하는 인프라 전반이 IT 기술에 기반한 플랫폼 서비스 형태로 전환되고 있다는 사실이다. 플랫폼 서비스로의 전환이란 플랫폼을 운영하는 소수의 시스템 운영자들이 존재하고 다수의 개인 혹은 중소규모 기업들이 이 플랫폼을 활용하여 비즈니스를 하거나 서비스를 제공하는 것을 의미한다. 플랫폼을 활용하여 택시 서비스를 제공(우버나 그랩)하거나, 숙박 서비스를 제공(에어비엔비)하거나, 상거래 서비스를 제공(아마존, 알리바바, 쿠팡 등의 상거래 플랫폼)하는 등 플랫폼 기반의 서비스가 등장하는 경우, 기존 산업의 에코 시스템들은 통째로 재편될 수밖에 없다. 새로운 기술이 도입되면서 기존 산업이 재편되는 것은 피할 수 없는 일이다. 따라서 새로운 산업이 등장하는 것을 막지 않으면서 기존 산업에 종사하는 사람들이 새로운 산업구조에 적응할 수 있도록 유도해야 한다.

  특히 이 부분에서 블록체인 기술과 산업은 현재 등장한 거대한 플랫폼 서비스 산업을 혁신할 수 있는 잠재력을 가지고 있다. FAANG이라 불리는 글로벌 플랫폼 서비스들은 많게는 수십억 명의 사용자들을 기반으로 엄청난 부를 빨아들여 소수가 엄청난 부를 독점하는 반면, 다수의 개인들은 보상 한 푼 받지 못하는 데이터 기증자 혹은 해당 플랫폼에서 근근히 먹고사는 프로토콜 노동자로 전락하고 있다. 블록체인과 토큰 이코노미는 플랫폼에 직접적으로 참여하는 사람들이 해당 플랫폼의 의사결정에 참여하고 또한 해당 플랫폼이 만들어낸 가치를 나누어가질 수 있는 새로운 경제 구조를 제공하고 있다. 따라서 산업 전체가 IT 기술 기반의 플랫폼으로 전환하는 시대에 블록체인과 토큰 이코노미는 플랫폼 독점의 폐해를 막을 수 있는 효과적인 방법이기도 하다. 그런데 정부가 기존의 관행과 규제를 근거 삼아 기존 산업을 대변하는 경우 새로운 패러다임에 기반한 산업이 자리잡기 어려워진다. 관행과 규제로 기존 산업을 보호하는 것은 아주 쉬운 일이다. 다만 새로운 산업이 자리잡을 공간 자체가 사라질 뿐이다. 그 결과는 글로벌 경쟁력의 상실이고 산업 전체의 낙후다.

사회는 전체적으로 사회 구성원 개인들의 자율성을 확대하는 방향으로 나아가야 한다. 기술이 이렇게 빠르게 발전하는 상황에서는 사회에서 자생적으로 만들어지는 경제적 산업적 현상들을 기존의 규제틀이나 기존의 법적 구조에 맞추는 방식으로는 쫓아갈 수 없다. 규제라는 이름으로 블록체인 산업의 가능성을 차단하는 순간, 우리는 플랫폼 독점의 가속화와 더불어 IT 산업의 해외 종속이라는 문제를 피할 수 없을 것이다. 새로운 산업에 대한 정책은 미래의 가능성을 열어놓는 방향으로 설계되는 것이 바람직할 것이다. 아직은 늦지 않았다. 정부의 현명한 선택을 기대해본다.

미래에서 온 국가
에스토니아

물리적 영토를 넘어서는
에스토니아의 파괴적인 실험

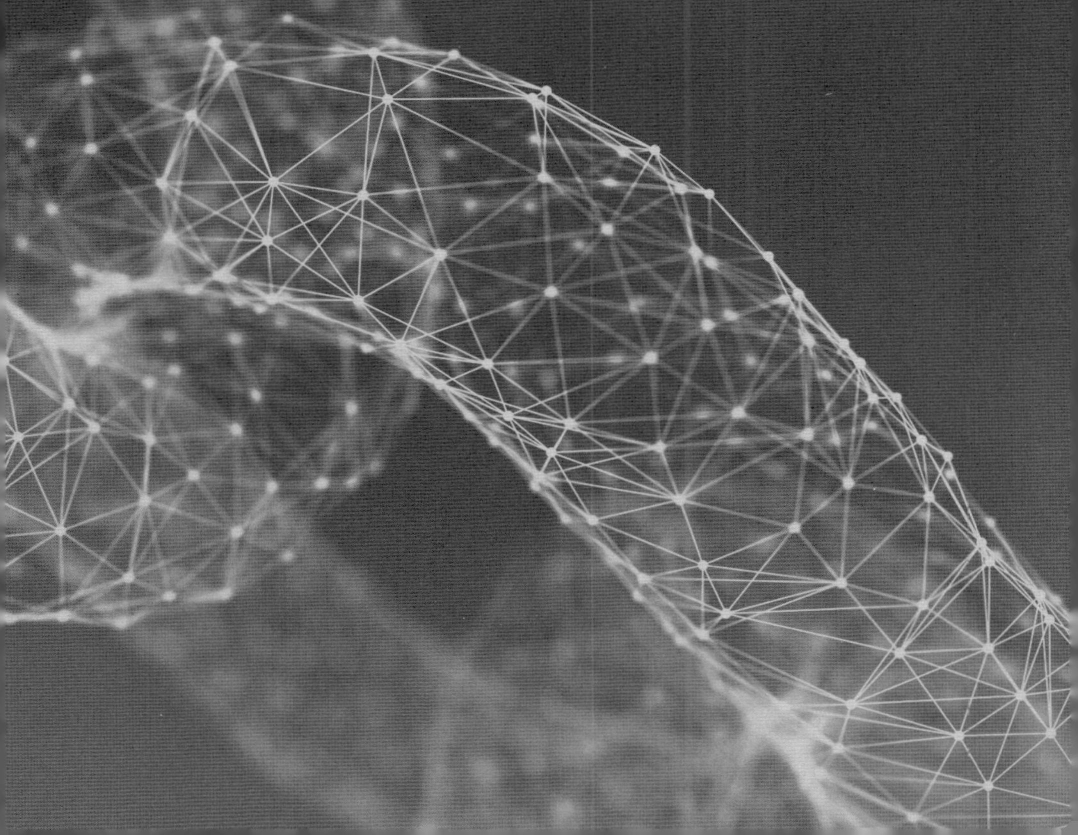

1
발트해의 호랑이 에스토니아

　에스토니아가 전자정부의 최첨단을 달리는 나라라는 사실을 안 것은 『블록체인 거번먼트』 책을 쓰기 위해 조사를 하면서부터다. 블록체인 관련해서 지속적으로 에스토니아가 언급되는 것이 신기해서 관심을 가지고 자료를 뒤져보았는데 결과는 예상 밖이었다. 1991년 소련이 망하면서 소련에서 독립한 에스토니아는 1991년 1인당 국내총생산GDP이 2,000달러에 불과할 정도로 낙후된 나라였다. 인구도 130만 명에 불과한 작은 나라였다. 그런데 디지털 최우선 전략을 실행하면서 에스토니아는 세계가 주목하는 국가로 성장했다. 이제는 '발트해의 호랑이'라고 불린다.

　에스토니아는 아직 우리나라에서 시도도 못하는 전자신분증을 2002년에 시행했고 전자투표 시스템을 2005년에 시행했다. 2012년부터 정부 시스템에 블록체인 기술을 적용하기 시작했다. 인터넷 접근권을 '국민기본권'으로 선언하였고 인구 밀집 지역에는 무료 와이파이 서비스를 제공하고 산골 마을에까지 무선통신망을 설치했다. 이런 인프라를 딛고 스카이프Skype,[68] 트랜스퍼와이즈Transferwise,[69] 택시파이Taxify[70]와 같은 기업들이 탄생한 것이다.[71]

2014년부터는 전자영주권 프로그램을 시행해서 자국민이 아닌 글로벌 시민들이 에스토니아에서 은행계좌를 개설하고 기업을 설립하고 사업을 할 수 있도록 했다. 에스토니아는 전자영주권 프로그램을 '디지털 국가'라고 부른다. 이것은 이들이 전자영주권 사업을 일회성 이벤트 혹은 우연히 발견한 괜찮은 아이디어 정도가 아니라 디지털 시대를 선도하는 국가 전략의 하나로 시작했다는 사실을 보여 준다.

에스토니아는 유럽연합 회원국이다. 따라서 전자영주권 프로그램을 통해 만들어진 회사들은 별 다른 장벽 없이 유럽연합 시장에 진출할 수 있다. 4년 차에 접어든 전자영주권은 2018년 5월 기준 전 세계 157개국에서 약 4만 명이 시민권을 받았고 이들 중 약 6,297개 기업이 에스토니아에 회사를 설립했다.[72] 정부가 새롭게 도입한 프로그램 하나로 전세계에서 6,000여 개의 스타트업을 끌어들인 것이다. 에스토니아는 2020년까지 추가로 2만 개의 기업 유치를 더 유치하는 것을 목표로 하고 있다. 2018년 6월 6일 에스토니아 대통령 케르스티 칼률라이드Kersti Kaljulaid는 전자영주권 2.0 프로그램을 준비하라고 요청했다. 기존 프로그램을 개선해서 더 많은 창업자들을 불러모으고 더 창조적인 해결책으로 사람들에게 도움을 주는 방식을 만들고 그래서 에스토니아에 더 많은 이익이 될 수 있는 방법을 찾으라는 것이

에스토니아 수도 탈린은 아름다운 북유럽의 옛 도심이 옛 모습 그대로 살아 있는 인상적인 도시였다. 빠듯한 일정의 짜투리 시간을 이용해 돌아본 탈린의 옛 도심 건물들은 동화 속에서 툭 튀어나온 듯한 환상적인 장면을 연출해 마치 놀이동산에 온 듯한 착각을 불러 일으켰다. 동화 속과 같은 옛 도심을 거니는 것만으로도 여행의 피로를 한 번에 씻어낼 수 있었다. (사진 © 전명산)

다.[73] 그들은 현재의 성과에 안주하지 않고 진화하는 중이다.[74]

이런 전자영주권 프로그램도 놀라운데 2017년 발표했던 에스트코인Estcoin에서는 기가 찰 정도였다. 당시는 ICO로 각국 정부들이 화들짝 놀라고 전세계가 떠들썩하던 상황이었다. 그런데 감히 일개 국가가 나서서 ICO를 할 생각을 하다니……. 지금은 베네수엘라가 발행한 페트로Perto 등 선례가 만들어졌지만, 당시로서는 국가가 발행해서 ICO를 하겠다는 암호화폐로는 최초였기에 암호화폐 산업 전체가 술렁일 정도로 놀라운 소식이었다. 에스트코인 소식은 당장 국제적인 논란을 불러 일으켰고 결국 유럽은행ECB의 강력한 반대로 사실상 중단되긴 했지만,[75] 국가가 이와 같은 시도를 한다는 사실 자체가 놀라운 일이 아닐 수 없다.

  필자는 이런 에스토니아의 움직임을 보면서 '혹 에스토니아는 국가 스스로 국경을 넘어서는 탈국가 모델을 추구하려는 것일까?'[76] 하는 의문이 강하게 들었다. 혹시 그들은 인터넷의 등장 그리고 블록체인 기술의 등장이 의미하는 것이 무엇인지, 그리고 이 새로운 환경에서 소규모 국가가 어떤 전략을 취해야 하는지 명확하게 판단한 것일까? 나는 '아마도 그럴지 모르겠다'고 미루어 짐작했고 다른 한편으로는 '설마' 하는 의구심도 있었다. 이런 정도의 시대 진단이나 전략 수립은 글로벌 사업을 꿈꾸는 명민한 스타트업 정도에서나 가능하기 때문이다. 더군다나 영토라는 물리적 공간에서 활동하는 국가가 스스로 영토를 벗어나고자 하는 것은 지금까지 근대 국가가 취해왔던 전략과 행위에서 완전히 벗어나는 것이다. "설마 국가가 이런 전략을?" 적어도 에스토니아를 직접 방문하기 전까지 필자에게 에스토니아는 미스테리와 같은 나라였다.

2
에스토니아를 글로 배웠어요!

드디어 7월 2일 에스토니아를 방문했을 때 필자는 머리를 한 대 얻어맞은 듯했다. 무엇보다 먼저 에스토니아 전자정부 쇼룸(전자정부 전시관)에서 담당자인 애나 피페랄Anna Piperal이 실제 작동하는 서비스를 보여주며 설명을 했을 때 이 정도까지 행정 시스템을 자동화했다는 사실에 놀랄 수밖에 없었다.[77]

그녀는 에스토니아 정부가 견지하는 원칙 중 하나로 시민들에게 '한 번만 물어본다'는 정책을 소개했다. 통상 우리가 관공서나 정부 기관을 상대할 때 엄청나게 많은 서류와 정보를 반복해서 내야 한다. 정부는 시민들에 대한 온갖 정보를 가지고 있음에도 불구하고 그 정보들이 부처별로 기관별로 심지어 같은 부서에서도 개별 사업별로 각각 보관되어 관리되기 때문에 개인들은 매번 똑 같은 정보를 반복해서 제출해야 한다. 그러나 에스토니아 정부는 정부 내부에서

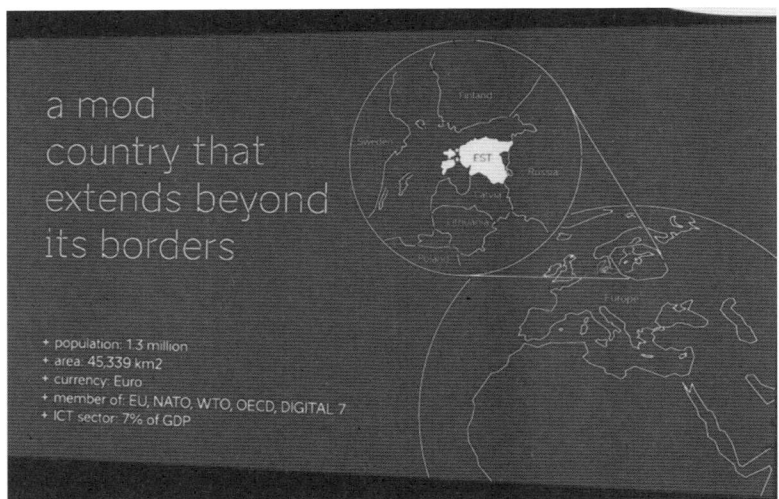

에스토니아 전자정부 쇼룸 공식 발표 자료의 한 장면. 에스토니아는 국내외 귀빈 및 기자들에게 에스토니아 전자정부를 소개하는 전자정부 쇼룸에서부터 '국경을 넘어 확장하는 나라'라는 전략을 감추지 않고 명확하게 표방하고 있다. (사진 ⓒ 전명산)

정보가 교류되도록 하여 시민들에게 한 번만 물어보고 처리할 수 있는 행정 시스템을 만들었다. 그 근간이 되는 것이 바로 e-ID 시스템이다.

애나 피페랄이 우리에게 에스토니아의 전자정부 서비스를 보여주기 위해 자신의 e-ID로 정부 포털(https://www.eesti.ee)에 접속해 자신의 개인 페이지를 열었을 때 거기에는 정부가 관리하는 모든 개인정보들이 일목 요연하게 펼쳐졌다.[78] 인구통계 정보(이메일, 전화, e-ID, 여권 정보 등), 주소, 부동산 관련 내역, 차량번호, 의료기록, 건강보험 기록, 운전면허증, 자동차 보험, 세금, 학력 등과 더불어 심지어 반려동물 등록 정보까지 있었다. 또한 모든 사람들은 정부의 각 기관

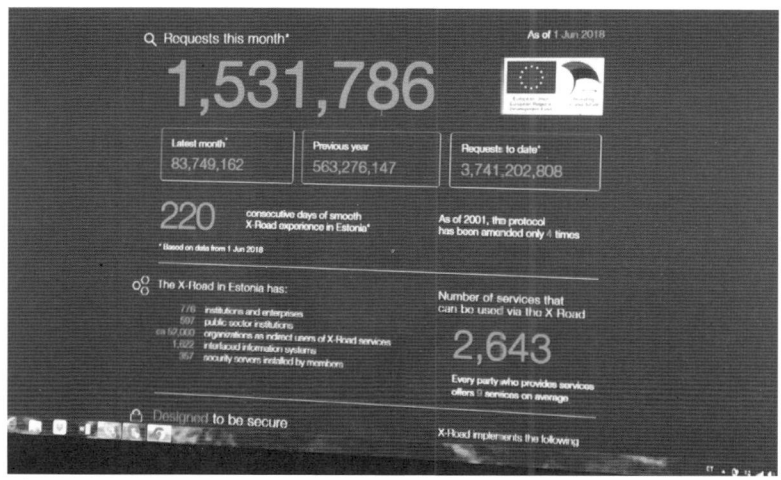

에스토니아 전자정부의 근간 X-로드가 처리하는 데이터들을 실시간으로 보여주고 있는 전자정부 대시보드. 2018년 7월 첫날 150만 건의 요청을 처리하고 있다.

들이 자기의 개인정보를 어떻게 사용했는지 모든 내역을 볼 수 있다. 어떤 정부기관에서 내 정보에 접근했는지가 실시간으로 업데이트된다. 내 정보를 들여다본 내역은 KSI 블록체인 기술로 보관되어 위변조할 수 없다. 내가 로그인할 때마다 가드타임에 저장된 블록체인에서 데이터의 변화 여부를 확인해주기 때문에 내 정보에 변화가 있는지 없는지도 즉시 확인 가능하다. 정부가 관리하는 서버에는 엄청난 양의 개인정보가 집적되어 잇지만 개인 페이지에는 내 정보에 변화가 없는지, 누가 내 정보에 접근하고 이용했는지 등이 투명하게 공개되기 때문에 시민들의 신뢰도는 상당히 높다고 한다.

이렇게 통합된 개인정보는 X-로드라는 디지털 전산망에 연결되어 있는 정부 서비스 및 민간 서비스와 연동되어 자동화된 행정 서비스를 제공해준다. 예컨대 운전 면허증을 갱신해야 하는 시점이 되면 알아서 메일이 날아오고 메일의 링크를 클릭하면 운전면허 갱신 페이지에 접속한다. e-ID로 로그인하여 운전면허 갱신 페이지에서 몇 개만 체크해주고 저장하면 운전면허 갱신 작업이 끝난다. 5분이면 충분하다. 의사에게 처방전을 받은 경우, 약국에서 e-ID를 제시하면 환자의 처방전이 온라인으로 전달되기 때문에 종이 처방전을 들고 가지 않아도 된다. 병원을 바꿀 때마다 엑스레이나 MRI를 새로 찍지 않아도 된다. 과거의 진료기록도 모두 온라인에 저장되어 있기 때문에 다른 병원에서 진료를 받기 위해 힘들게 이전 병원의 진료기록 사본을 받아서 들고 갈 필요가 없기 때문이다. 이미 상당한 수준으로 '환자를 따라가는 서비스'를 구축해놓은 것이다. 또한 이미 2005년부터 온라인 투표 시스템이 도입되어 13년 넘게 운영되어 왔다. 온라인이기에 해외 거주자도 아주 간단하게 투표에 참여할 수 있다. 온라인 투표 참여율은 점차 상승해 2017년 있었던 선거에서 온라인 투표를 통해 투표에 참여한 비율은 31.7%를 기록했다.

 연말정산도 마찬가지다. 귀찮은 연말정산을 하다 보면 정부는 이미 내 개인정보를 다 가지고 있는데 왜 별도로 주민등록등본을 요구하는지, 정부가 정책적으로 만든 세금 감면 통장에 저축해놓은 저축 내역 증명서를 왜 은행창구에서 줄을 서가며 받아서 제출해야 하는지 의아할 때가 있다. 에스토니아에서 연말정산 등 세금을 납부할 때는 정부 시스템에 로그인해서 국세청에 열어줄 정보-은행, 카드사, 보험사 등-만 체크하면 끝이다. 나머지는 시스템이 알아서 처리한다. 금융거래의 99%, 세금신고의 95%가 온라인으로 이뤄지고 있다고 한다.[79] 1년에 한 번이긴 하지만 연말정산 관련 서류를 매번 제출하며 빠진 서류는 없는지, 뭘 더 챙겨야 하는지 몰라서 스트레스를 받는 입장에서는 이와 같은 원스톱 서비스를 눈앞에서 보고 있는 것 자체가 당황스러웠다. 한마디로 나는 지금까지 에스토니아를 글로 배운 것이다.

에스토니아는 결혼, 이혼, 부동산 거래를 제외한 모든 행정 업무를 온라인화했다. 결혼, 이혼, 부동산 거래는 온라인화하지 못해서가 아니라 이 세 가지는 직접 대면해서 처리해야 하는 업무로 분류했기 때문이다. 하룻밤 인연에 결혼 신고를 한다든지 부부싸움 후 홧김에 이혼을 하는 일 등을 막기 위해서라고.

또한 에스토니아의 정보 공개 수준은 상상을 초월했다. 개인이 소유한 부동산 정보와 위치를 누구나 온라인에서 직접 확인할 수 있었다. 어떤 사람이 어느 회사에 임원으로 등록되어 있는지, 연관된 회사가 어디어디인지도 투명하게 다 들여다볼 수 있었다.[80] 애나 피페랄은 에스토니아에서 가장 큰 회사인 타링크 그룹Talink Group의 임원이 소유한 부동산 정보, 연관회사 정보 등과 더불어 전직 대통령이 가진 재산이나 부동산 내역을 그 자리에서 보여주었다. 땅 주소와 면적만이 아니라 해당 정보 페이지에 지도가 연결되어 있어 정확하게 지도상에서 위치까지 확인할 수 있었다. 지도상의 부동산 위치를 공개한 것은 부동산 매매 시 사기를 방지하는 데 아주 효과적이라고. 한국에서는 이러한 정보들이 공개되면 안 되는 개인정보로 취급되고 있다 보니 대체 이렇게 많은 정보를 소상하게 공개해도 되는 것일까 약간은 염려가 될 정도였다. 이에 대해 애나 피레랄은 이렇게 각종 정보가 공공연히 드러나 있기 때문에 아주 투명한 사회를 만들 수 있다고 설명했다.

이 모든 행정 자동화 과정에 에스토니아의 전자신분증 e-ID가 사용된다.[81] 에스토니아 국민들은 e-ID를 통해 정부 및 민간 서비스에 접속할 수 있으며 이를 통해 약 2,600가지의 행정 업무를 온라인으로 처리할 수 있다. e-ID만 있으면 운전면허증도, 자동차 보험증도 가지고 다니지 않아도 된다. 모든 개인정보들이 e-ID에 연결되어 있기 때문이다. e-ID에 연결된 기관이 공공기관 900개, 민간 회사가 약 3만 2,000개다. 관공서나 공기업만이 아니라 사회 인프라 성격을 가진 필수적인 비즈니스들이 X-로드에 연결되어 있다. 시민들은 은행, 통신사, 보험, 병원 등 필수적인 민간 서비스에 접속할 때도 e-ID를 사용한다. 애나 피페럴에 의하면 에스토니아는 이런 전자정부 시스템을 도입해서 매년 국내총생산의 2% 정도를 아낄 수 있다고 한다. 세금 징수를 위한 비용도 획기적으로 줄어들어 100유로를 징수하는 데 40센트 정도만이 소비된다고. 이것을 환산하면 1원의 비용을 들여 약 250원의 세금을 걷는 꼴이다. 한국의 경우는 1원당 154원을 걷는다.[82] 세금을 걷는 데 들어가는 비용이 한국 대비 60% 정도밖에 되지 않는다.

또한 에스토니아는 핀란드와 협약을 맺어 X-로드를 핀란드에 공급했다. 핀란드의 X-로드 중 일부 기능들은 에스토니아의 X-로드와 연결되어 있다. 예를 들면 에스토니아 e-ID를 핀란드에서도 그대로 사용할 수 있다. 또한 핀란드에서 병원을 이용하는 경우 e-ID 시스템을 활용해 에스토니아의 병원 기록을 그대로 활용할 수 있다.

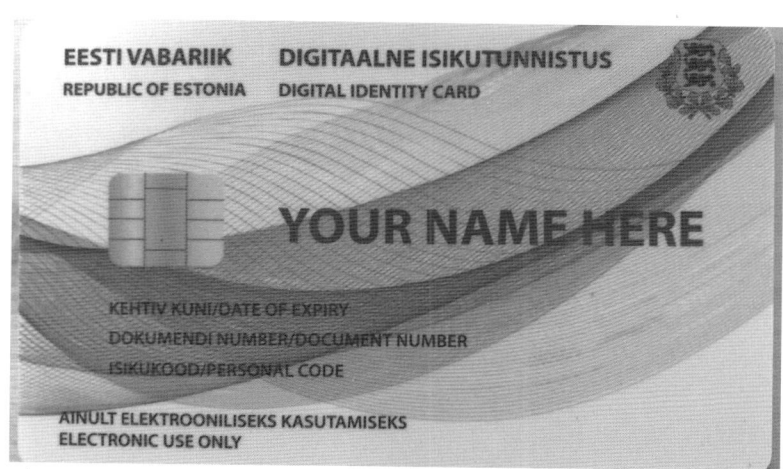

에스토니아 e-ID 카드의 샘플. 최근에는 스마트폰 앱으로도 e-ID 기능을 사용할 수 있도록 발전되었다.

에스토니아는 2012년부터 정부 행정 시스템에 블록체인 기술을 적용해왔는데 블록체인 기술이 가진 성능의 한계, 구현 가능한 범위의 한계를 정확하게 인식하고 아주 효율적인 방식으로 사용하고 있다. 블록체인 기술을 실제 정부 행정 서비스에 사용한 지는 2019년 기준 7년째다. 아직 지구상 어느 나라에서도 블록체인 기술을 운영하는 데 이 정도의 경험을 가진 나라가 없기 때문에 에스토니아의 블록체인 기술과 경험은 두바이, 싱가포르, 미국 등에 수출되고 있다(에스토니아가 블록체인 기술을 활용하는 구체적인 방식은 다음 장에서 자세하게 소개할 예정이다).

한국도 전자정부라면 세계에서 손꼽히는 국가 중 하나다. 그러나 필자가 본 에스토니아는 한국이 감히 비교할 수 없는 수준에 올라 있었다. 만약 한국이 전자정부 전략과 실행 계획에 대한 합의를 끝내고, 지금 당장 오롯이 실제 구축에 들어간다고 해도 에스토니아 수준을 따라가려면 최소 3년에서 5년은 족히 걸릴 것 같다. 한국은 선도적으로 전자정부를 구현하긴 했지만 갈라파고스를 구축하면서 길을 잃은 반면, 그들은 이미 1990년대 중반부터 디지털 전략을 세우고 20년 넘게 일관된 방향을 추진해왔기 때문이다.

3
국가 CIO 제도를 도입하다

 디지털 전략을 가속화하기 위해 에스토니아는 2012년부터 정부의 정보 전략을 총괄하는 국가 최고정보책임자CIO, Chief Information Officer 제도를 도입했다. 통상 국가 최고정보책임자는 기업이 해당 기업의 정보 전략을 총괄하며 진두지휘하는 역할을 부여하기 위해 만든 직함이다. 그런데 에스토니아는 국가 차원에서 일관된 정보 전략을 수행하기 위해 국가 최고정보책임자CIO 제도를 도입한 것이다. 현재 국가 최고정보책임자는 심 시쿠트(경제통신부 사무차장)가 맡고 있다. 그는 자신이 7년 전 총리와의 면담에서 국가 최고정보책임자의 필요성을 제기해 자리가 만들어졌다고 했다. 심 시쿠트는 2017년에 국가 최고정보책임자에 임명되었다.
 에스토니아의 국가 최고정보책임자는 전자영주권과 전자 신분증과 같은 전국민 정보 통합관리 및 전자정부 시스템 개발은 물론이고

전자정부 현황을 설명하고 있는 심 시쿠트 CIO. (사진 ⓒ 전명산)

전자정부 발전 방향 수립, 사이버 보안 등 에스토니아 전자정부의 주요 정책을 총괄하는 자리다.[83] 인터뷰를 통해 확인한 그의 상황 인식은 놀라울 정도로 명쾌했다. 가장 최근의 정보기술에 기반해 있었으며 미래를 대비하는 전략도 아주 분명했다. 그는 에스토니아의 디지털 전략에 대해서 설명하면서 '철저하게 디지털화해야만 새로운 기회가 열린다'는 자신의 생각을 피력했다. 에스토니아가 생각하는 '철저하게 디지털화'한다는 것은 현존하는 모든 최첨단 디지털 기술들-인공지능, 빅데이터, 머신러닝, 블록체인, 사물인터넷 등을 극단적인 수준까지 활용해서 철저하게 자동화되어 아예 보이지도 않는 정부 시스템을 구축하겠다는 것을 의미한다.

2018년 7월 3일 인터뷰 이후, 나는 비슷한 생각을 하는 사람을 만났다는 사실에 두근거리는 마음으로 심 시쿠트와 기념 사진을 찍었다. (사진 ⓒ 전명산)

그는 지난 2018년 1월 『매일경제』와의 인터뷰에서 "모든 행정이 자동 처리되는 시스템을 구축하고 정부는 보이지 않아야 한다"며 "정부 시스템은 사람 손을 거치지 않고 '머신 투 머신Machine to Machine'으로 작동하게 하는 것이 바람직하다"고 말한 바 있다.[84] 이와 관련해 필자는 『블록체인 거번먼트』에서 디지털 기술로 인해 정부 행정 시스템의 자동화가 불가피하며, 특히 블록체인 기술의 등장으로 더욱 가속화될 것이라고 의견을 제시한 바 있다. 사실 이 책을 쓸 때는 설득력 있는 적절한 사례나 근거를 댈 수 없었기에 비슷한 주장을 하는 글들을 겨우 찾아 몇 개 각주를 다는 수준으로 다룰 수밖에 없었다. 그런데 국가의 디지털 전략을 진두지휘하는 정부 관리의

6장 미래에서 온 국가 에스토니아   **157**

입에서 이토록 강하고 확신에 찬 주장이 나오는 것을 눈 앞에서 보고 있자니 신기할 따름이었다. 여행 도중 마음 맞는 동지를 만난 기분이랄까? 에스토니아가 도대체 어떤 나라일까 궁금증이 더해진 것은 물론이다.

4
전자정부의 미래를 설계하다

　전자영주권 사업을 총괄하는 에스토니아 전자영주권 총괄 국장 카스파르 코르유스와의 만남은 비록 한 시간밖에 안 되는 짧은 시간이었지만 매우 인상적이었다. 이미 필자는 전자영주권과 에스트코인 사업 때문에 그에 대해 한 차례 검색을 했던 터라 얼굴은 익숙했지만, 그가 서른이 채 안 된 앳 된 청년일 줄은 생각하지 못했다. 그는 스스로를 정부 내에서 개척자 역할을 하고 있다고 소개했다. 그 소개에 걸맞게 그가 일하는 공간은 딱딱한 관공서 사무실이 아니라 스타트업 냄새가 물씬 풍기는 멋진 곳이었다.

　카스파르 코르유스는 에스토니아의 전자정부 전략을 소개하면서 아주 명확하게 영토와 같은 물리적 조건은 앞으로 의미없어질 것[85]이라고 단언했다. 카스파르 코르유스는 전자정부를 10단계로 구분해서 설명했다.[86] 맨 첫단계는 '가짜 디지털Faking digital' 단계로 종이

한국에서 온 기자단을 맞는 카스파르 코르유스. 그가 담당하는 전자영주권 부서가 있는 사무실은 관료의 냄새는커녕 스타트업 기운이 물씬 풍기는 매력적인 공간이었다. (사진 © 전명산)

문서를 보내기 위해 스캔 등의 방법으로 종이 문서 그 자체를 디지털로 전환하는 것이다. 카스파르 코르유스에 따르면 아직까지도 대부분 정부들은 이 단계에 머물러 있다.

2단계는 '디지털 전환Swiching to digital' 단계로 종이 없이 디지털로 정보를 처리하는 단계이다. 우리에게 익숙한 예를 들자면 민원24 사이트에 접속해서 공인인증서로 디지털 사인을 하고 주민등록 등본을 내려받는 것이 가능한 단계다. 즉 전자정부라고 할 만한 기본 시스템이 갖추어지는 단계다. 카스파르 코르유스에 따르면 한국을 포함해 단 10여 개 국가가 이 단계에 들어서 있다.

세 번째 단계는 전자정부의 '운영 효율성Operating efficient'을 달성하는 단계이다. 정부 부처별로 2단계에서 각각 만들어진 정부 서비스들을 연결하여 통합된 전자정부 시스템을 구축하는 것이다. 이 단계가 되면 위에서 예로 들었던 운전면허증 갱신 프로세스 간소화와 자동화된 연말정산 등이 가능해진다. 예를 들면 한국은 연말정산을 할 때 일부 정보는 자동으로 불러오고 일부 정보는 수동으로 입력해야 한다. 그런데 카스파르 코르유스의 구분에 따르자면 이것은 전자정부 3단계를 구축하는 중이라고 볼 수 있다. 그의 말에 따르면 아직 3단계를 넘어선 국가는 에스토니아를 제외하고는 없다.

네 번째 단계는 '국경을 넘는Becoming borderless' 단계로 이미 구축된 전자정부 인프라를 활용하여 해당 기능을 글로벌로 제공하는 것이다. 에스토니아에서 이미 실행하는 전자영주권이 바로 이 단계의 사업이다. 일반인들에게 전자영주권 프로그램은 그저 재미있고 신선한 아이디어 정도로 보이겠지만, 그들은 이 작업 자체를 전자정부 10단계의 로드맵 안에 배치하고 진행하고 있다.

다섯 번째 단계는 '클라우드로 이동Moving to cloud'하는 것이다. 현재 각 국가의 디지털 정보는 거의 대부분 국가가 직접 운영하는 데이터 센터에 존재한다. 그런데 에스토니아는 이미 2017년에 룩셈부르크의 벳츠도르프에 만든 '데이터 대사관'에 에스토니아의 행정 데이터 전체를 백업해놓았다.[87] 지리적으로 다른 나라의 영토 안에 있는 에스토니아 대사관에 행정 데이터를 백업하는 공간을 만든 것이다.[88] 애초 에스토니아는 이 계획을 유럽 주요 국가에 제안했는데 대부분은 계획 자체를 이해하지 못하고 거절했다고 한다. 이 개념을 이해한

룩셈부르크가 에스토니아의 제안을 수용했다. 에스토니아 서버가 있는 공간을 에스토니아 영토로 인정함으로써 세계에서 첫 디지털 대사관이 만들어졌다.

이렇게 파격적인 정책을 감행한 이유는 2007년 소련으로 추정되는 세력으로부터 국가 전산망이 공격을 받은 적이 있기 때문이다. 에스토니아는 이 사건을 경험하고 나서 행정 데이터를 자국 내에서만 보관하는 것이 그다지 안전하지 않다고 판단했다. 만약 2007년과 같은 비슷한 상황이 벌어져 자국 내의 데이터 센터가 공격을 받거나 혹은 불가피한 자연 재해 등으로 자국 내 시스템 전체가 중지더라도 해외 클라우드 서비스를 이용해 정부 행정 서비스를 지속적으로 제공할 수 있기 때문이다. 또한 여기에는 정부가 이미 영토의 경계를 벗어나겠다는 전략을 실행하는 마당에 굳이 데이터 보관 장소를 에스토니아 영토 내로 국한할 이유가 없다는 판단도 함께 들어 있다.

여섯 번째 단계는 정부의 단위별 행정 서비스들을 '앱스토어처럼 제공Building appstore'함으로써 전세계 누구든지 필요한 행정 서비스를 선택해서 사용할 수 있게 하겠다는 것이다. 카스파르 코르유스에 따르면 에스토니아는 지금 5단계를 지나 6단계로 진화하고 있다. ID 관리부터 행정 시스템까지 모두 디지털화해놓았고 이미 4단계에서 국경을 넘는 환경을 구축해놓고 5단계에서 정부 행정 데이터 저장소 역시 글로벌로 구축해놓았다. 정부의 기능을 단위별로 모듈화해 자국민만이 아니라 글로벌로 서비스를 제공하는 것이 가능해진 것이다. 상상해보자면, 이 앱스토어에서 보험 서비스에 가입한 한국인이 한국에서 사고가 나서 보험금을 청구하면 에스토니아 정부가 한

전자정부의 10단계 통합 사회에 대해 설명하는 카스파르 코르유스 (사진 ⓒ 전명산)

국 병원에 보험금을 지급하는 것이 가능해진다. 얼핏 실없는 상상으로 보일지 모르지만 이미 그들은 전자영주권 프로그램을 통해 글로벌로 기업 운영 인프라를 제공하는 중이다. 보험 서비스라고 안 될 이유가 없다. 개인 보험이 쉽게 상상이 안 된다면 이미 에스토니아에 기업을 설립한 스타트업들을 대상으로 한 기업용 보험이라면 비교적 쉽게 접근할 수 있지 않을까?

일곱 번째 단계는 '보이지 않는 정부Becoming invisible'를 구축하는 것, 즉 심 시쿠트가 이야기한 머신 투 머신 기반의 보이지 않는 정부 시스템을 구축하는 것이다. 이 단계에서 시민들은 정부 당국의 서비스를 받기 위해 별도로 신고하지 않아도 된다. 예컨대 우리는 연금을 받을 때가 되면 개인이 관공서를 찾아가서 연금을 신청해야 하고 아이가 태어나면 병원에서 발급한 서류를 가지고 동사무소에 직접 가서 출생신고를 해야 한다. 이에 대해 전자정부 쇼룸의 애나 피페랄 Anna Piperal은 시스템이 자동으로 개인의 정보를 업데이트하기 때문에 개인이 연금을 받기 위해 별도로 신고를 하지 않아도 되며, 더 나아가 연금액이 상향 조정되는 경우 자동으로 반영하는 것까지도 가능하다고 말했다. 또한 병원에서 임신 사실이 확인되면 자동으로 산모지원 프로그램에 등록되기에 아기가 태어났다고 부모가 별도로 동사무소에 신고할 필요가 없으며, 병원이 출생신고를 하면 자동으로 육아수당까지 지급되는 서비스가 가능해진다. 이것은 이론적으로는 그렇게 새롭지는 않다. 전자정부가 어느 정도 진행된 곳이라면 이미 방대한 양의 개인정보를 디지털 데이터로 가지고 있기 때문에, 일별로 해가 바뀔 때 혹은 특정 날짜에 정부에서 받아야 하는 권한 혹은 자격을 개인별로 체크해서 자동으로 변경해주면 된다. 다만 이것을 실제로 구현하는 작업은 여러 영역에 걸친 방대한 데이터를 서로 엮어서 실수 없이 처리해야 하기 때문에 만만한 작업이 아니다. 만약 자동으로 처리되는 정보에 약간의 실수라도 생기면 전자정부 자체의 신뢰성이 추락하게 되며, 또한 자동으로 작동하던 시스템을 멈추고 이 행정 작업을 수동으로 처리한다는 것은 상상하기 힘든 불편함을 가져오기 때문이다.

여덟 번째 단계에 이르면 '토큰 이코노미 경제로 진입Tokenizing ecosystem' 하게 된다. 에스토니아는 에스트코인이라는 국가 발행 암호화폐 프로젝트를 발표했다가 유럽연합 내에서 거센 반발에 부딪쳤고, 2018년 2월 에스토니아 케르스티 칼률라이드 대통령이 한국 방문

중에 "암호화폐 발행 계획이 없다"고 공식 인터뷰를 한 적도 있다.[89] 그러나 그녀는 동일한 인터뷰 자리에서 에스트코인은 화폐의 기능을 하는 것이 아니라 "신분증처럼 상대방의 신원 확인에 쓰이는 블록체인 기술이 될 것"이라거나 "궁극적으로는 사람의 정보를 저장하는 데이터베이스DB 기능을 하게 될 것"이라그 밝혀 해당 프로젝트를 여전히 검토 중이라는 사실을 확인시켰다. 거듭되는 논란에 2018년 6월에 카스파르 코르유스도 한 발 물러서서 에스트코인은 "전자영주권을 소지한 사람들 사이에만 통용되는 커뮤니티 화폐로만 사용될 수도 있다"고 언급한 바 있다.[90]

우리가 방문했던 2018년 7월 시점에는 한참 에스트코인과 관련된 논쟁들이 진행 중이어서 그런지 애나 피레랄도 심 시쿠트도 카스파르 코르유스도 이와 관련된 질문에는 말을 아끼는 분위기였다. 심 시쿠트 최고정보책임자는 인터뷰 도중 에스트코인에 대해 오해가 많다며 그에 관한 질문 자체를 피하고 싶어했다. 그러나 그 역시 전자영주권 프로그램을 소개할 때는 반복적으로 에스트코인을 언급했다.[91] 예를 들면 전자영주권을 신청한 사람에게 코인을 지급하고 각종 수수료 등을 해당 코인으로 지급할 수 있도록 하는 방식이다. 즉 그들은 여전히 에스트코인 혹은 국가가 발행하는 암호화폐를 어떻게 시작할 수 있을지 고민 중이었다. 그리고 카스파르 코르유스의 전자정부 로드맵에서 이 계획이 살아 있다는 사실을 확인할 수 있었다. 그는 토큰 이코노미로 전환하면 "세금을 나지 않아도 되는 국가를 만들 수 있다"고 말했다. 인터뷰 시간이 너무 짧아 이 부분에 대해 더 깊은 이야기를 듣지는 못했지만, 에스트코인은 그냥 살아 있는 정도

전자정부 비전을 설명하고 있는 카스피르 코르유스. 내가 그를 만났을 때 서른이 안 된 젊은이였지만 디지털 시대에 사회가 어떻게 발전해갈지를 꿰뚫고 있었고, 그 거부할 수 없는 흐름 속에서 에스토니아와 같은 작은 국가가 무엇을 해야할지에 대한 명확한 비전을 가지고 있었다. (사진 ⓒ 전명산)

가 아니라 경제 자체를 토큰 이코노미로 이행하겠다는 공식 로드맵 수준에서 작동하고 있다는 사실을 확인한 것이다.

블록체인상에서 발행된 토큰 혹은 암호화폐를 매개로 작동하는 경제 시스템을 토큰 이코노미라고 부른다. 토큰 이코노미는 그 자체가 프로그램으로 구현된 화폐Programmable money를 기반으로 작동하기 때문에 아주 다양한 규칙을 담은 경제 시스템을 구현할 수 있다. 즉 토큰 이코노미는 기존에는 불가능했던 새로운 경제 시스템을 구축할 수 있도록 해준다.[92] 그들은 표면적으로는 에스트코인을 발행하지 않겠다고 했지만, 보다 큰 시각에서 토큰 이코노미로 전환하겠다는 플랜을 가지고 있다. 다만 전략적으로 표면적으로 후퇴했을 뿐이다. 아마도 카스파르 코르유스를 비롯한 팀들은 지금도 어떻게 국가 수준에서 작동하는 토큰 이코노미를 설계할지 고민하고 있을 것이다.

아홉 번째 로드맵은 '인공지능 기반의 정부 시스템을 구축하는 것 Empowering AI'이다. 이것은 국가 행정 시스템 전체에 인공지능 기술을 도입해서 행정 시스템의 자동화 수준을 획기적으로 끌어올리겠다는 계획이다. 나아가 인공지능 기술을 활용하면 행정자동화만이 아니라 분석, 시뮬레이션, 예측, 특정 상황에 적합한 솔루션에 대한 제안까지 가능하기 때문에 지금까지와는 완전히 다른 수준의 행정 시스템을 구축할 수 있다. 예컨대 에스토니아 내부에서 사용되는 곡물 소비량, 생산량, 수입량 등을 실시간으로 모니터링해서 3개월 후 혹은 6개월 후에 취해야 할 행정조치를 미리 예상하고 사전에 준비하는 것이 가능해지는 것이다. 화폐 순환 속도를 실시간으로 체크하면서 이자율이나 화폐 발행량 등을 자동으로 조절하도록 만들 수도 있다. 블록체인, 인공지능, 빅데이터, 그리고 이제는 흔한 기술이 된 플랫폼 서비스가 결합되면 지금과 같이 사람이 정보를 처리하는 정부 시스템이 아니라 프로토콜에 기반하여 상당 부분 자동으로 작동하는 '보이지 않는' 정부 시스템을 구축할 수 있다. 즉 에스토니아가 추진하는 계획 속에는 정부 시스템을 '보이지 않는 사회 운영 플랫폼'으로 만들겠다는 전략적 판단이 깔려 있는 것이다.

여기서 주목해야 할 점은 이런 인공지능 기반의 행정 시스템을 구축하는 데 디지털 화폐 도입이 필수적이라는 사실이다. 경제 시스템의 혈액과 같은 화폐의 흐름을 실시간으로 모니터링하려면 화폐 자체가 디지털화되어야 하기 때문이다. 따라서 카스파르 코르유스가 인공지능의 본격적인 도입에 앞서 토큰 이코노미로 전환하겠다는 것은 지극히 논리적인 순서라고 볼 수 있다.

전자정부의 열 번째는 궁극적으로 물리적인 국토와 국민에서 벗어나서 '통합 사회Merging societies'로 이르는 단계다. 주어진 인터뷰 시간이 워낙 촉박해 그가 구상하는 궁극적 목표인 10단계가 구체적으로 어떤 모습인지에 대해서 자세하게 이야기를 듣지 못했다. 하지만 필자는 언젠가 도래할 글로벌 정부 경쟁 시대를 선점하고 주도하겠다는 의지를 엿볼 수 있었다. 분명한 것은 에스토니아는 궁극적으로 전 세계 시민을 상대로 정부 서비스를 제공하는 또 다른 콘셉트의 국가, 즉 국가의 경계를 뛰어넘는 새로운 글로벌 정부 플랫폼을 추구하고 있다는 사실이다. 만약 이들이 제공하는 정부 서비스가 기존의 다른 정부들이 제공하는 서비스보다 훨씬 질이 좋다면 가입하지 않을 이유가 있을까?

전자정부 10단계의 구분에 대해서는 필자 역시 완전히 동의할 수 없는 부분도 있다. 구체적으로 이 구분이 타당한지, 이 순서가 맞는지 등에 대해서는 논란들이 분분할 테니 각 단계에 대한 개별적인 논평은 하지 않아도 될 것이다. 여기서 주목해야 하는 점은 이미 에스토니아는 5단계에 들어서 있고, 이후 나아가야 할 방향과 과제를 명확하게 인지하고 있다는 것이다. 행정 시스템을 최대한 매끈하게 seamless 만들어서 의도적으로 사용하지 않아도 일상에 자연스럽게 녹아들게 하고, 여기에 최근의 가장 핫한 주제 중 하나인 토큰 이코노미와 인공지능을 결합하겠다는 구상은 거의 전자정부의 완결판에 대한 청사진이라고 말할 수 있다.

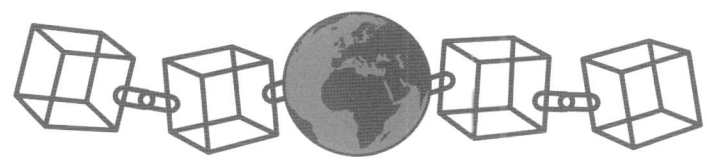

5
플랫폼으로서의 정부

필자는 지금의 관료 시스템은 블록체인 기반의 자동화된 행정 시스템으로 대체될 것이라고 예측한 바 있다.[93] 에스토니아는 이미 실제 행정에서 일부 자동화된 시스템을 구축해놓고 점차 고도화시키는 작업을 진행하고 있었다. 이러한 비전은 미래학자들이 20년 후 세상을 그릴 때나 나올 법한 비현실적인 그림이다. 그런데 에스토니아는 이미 그 정부 서비스들을 기능별로 잘라서 앱스토어처럼 제공하기 직전 단계까지 도달해 있다.

필자는 또한 『블록체인 거번먼트』에서 조심스럽게 조만간 각국의 정부들이 초국가 시대를 맞아 정부 시스템 자체를 두고 글로벌로 경쟁하는 시점이 올 것이라고 예측한 바 있다. 이 예측이 조심스러웠던 이유는, 당시 필자가 아는 범위에서는 이 주장을 뒷받침할 만한 현실적인 근거가 없었기 때문이다. 이번 에스토니아 방문을 통해 필자는 필자의 예측이 맞다는 확신과 더불어 벌써 그런 행보를 이미 시작한 나라가 있다는 사실을 확인했다.

　세계는 점점 하나의 경제권으로 묶이며 자본의 이동뿐만 아니라 사람들의 이동 범위도 점점 글로벌화되고 있다. 또한 21세기 이전의 사회에서는 철도·도로와 같은 교통망, 상하수도, 전기·가스·기름과 같은 에너지 순환 시설, TV나 라디오 등의 방송망, 전화와 같은 통신망 등을 필수적인 사회 인프라로 꼽았다. 하지만 이제는 인터넷, 즉 실시간으로 커뮤니케이션할 수 있는 통신망이 사회의 중요한 인프라로 추가되었다. 이 인프라는 일국을 넘어서 작동하는 글로벌 인프라다. 이 인프라를 타고 페이스북, 구글, 알리바바, 아마존, 우버, 에어비엔비와 같은 거대 글로벌 플랫폼 사업자들이 만들어졌다. 블록체인 역시 인터넷 위에서 작동하는 글로벌 플랫폼이고 글로벌 서비스다. 21세기에 새롭게 구축된 인프라 덕분에 경제도 사회도 글로벌화되고 있으며 비즈니스 전체가 글로벌 플랫폼 기반으로 변화하고 있다. 좋든 싫든 앞으로 인류의 삶은 글로벌 범위로 구축된 다수의 플랫폼 위에서 펼쳐지게 될 것이다.[94] 그리고 우리는 앞으로 정부들조차도 스스로를 플랫폼화함으로써 글로벌 경쟁에 나서는 현상을 보게 될 것이다. 정부 시스템조차도 일종의 인프라, 사회 운영에 필수적인 일종의 플랫폼으로 본다는 것은 낯설고 혁신적인 생각이지만 전혀 시대 착오적인 망상이 아니다. 이것은 오히려 글로벌 플랫폼 시대에 국가가 어떻게 대처할 수 있는가, 혹은 미래를 어떻게 준비해야 하는지에 대한 새로운 해석이자 새로운 전략이라고 볼 수 있다. 그리고 필자는 이 해석에 따른 전략이 충분히 작동할 수 있을 것이라고 생각한다. 그리고 에스토니아는 이미 그 전략을 실행하고 있다.

만약 한국이 디지털 전략을 새로 수립한다면 에스토니아는 반드시 벤치마킹해야 할 나라 중 하나이다. 물론 한국과 에스토니아는 인구 규모에서 비교하기 어려운 정도의 차이를 가지고 있다. 경제 규모도 엄청난 차이가 있다. 그럼에도 불구하고 경제 시스템이든 행정 시스템이든 디지털 우선Digital First 전략을 실행해야 한다는 부분에서는 아마도 대부분의 사람들이 동의할 것이다. 특히 한국은 이미 정체되고 있는 산업 구조에서 벗어나 새로운 경제적 출구를 찾아야 하는 상황이다. 그리고 거스를 수 없는 시대의 흐름이 우리 앞에 놓여 있다.

막을 수 없는 것을 막으려고 하는 것은 비효율과 산업 지체 현상을 낳을 뿐이다. 1990년대 말 인터넷을 잘 몰랐던 김대중 전 대통령은 빌 게이츠와 손정의 회장으로부터 "앞으로의 미래는 브로드밴드(인터넷 통신망)에 있다"는 조언을 듣고 곧바로 세계 최고 수준의 인터넷망을 구축하기 시작했다. 이 결단 덕분에 2000년대 초반 한국경제는 IMF를 딛고 다시 급속하게 회복할 수 있었고 현재까지도 한국은 IT 강국으로 인정받고 있다. 바로 지금이 우리에게 이와 같은 혜안과 결단이 필요한 시점이다.

7장
비트코인 이전에 블록체인이 있었다

에스토니아와 가드타임의 도전

1
에스토니아 전자정부가 멈춰선 날

흔히 블록체인 기술은 비트코인에서 시작되었다고 말한다. 그런데 비트코인 이전에 블록체인과 비슷한 아키텍처를 가진 보안기술이 이미 개발되고 있었다[95]는 사실을 아는 사람은 많지 않다. 사토시 나카모토의 블록체인 백서는 2008년에 나왔다. 에스토니아의 블록체인 기술회사 가드타임Guardtime은 2007년에 공식적으로 시작되었다. 공식적으로 시작되었다는 말은, 이미 그 몇 년 전부터 관련 기술을 개발하기 시작했다는 것을 의미한다.

에스토니아가 블록체인 기술을 찾게 된 건 2007년 4월 러시아로 추정되는 집단으로부터 대규모 디도스DDos 공격을 받고 나서부터다.[96] 공격의 주체가 러시아라는 직접적인 증거는 발견되지 않았지만, 디도스 공격은 우연히도 구 소련 세력과 에스토니아 정부가 대규모로 충돌한 직후 발생했다. 에스토니아 정부가 에스토니아 수도 탈린의 중심부에 있던 옛 소련군 동상을 외곽으로 이전하자 러시아계 주민 1,000여 명이 극렬한 반대시위를 벌였다. 결국 에스토니아 정부는 강제로 시위를 진압했다. 이를 두고 러시아와 외교분쟁이 벌어지기도 했다. 이어서 에스토니아에 대한 대규모 디도스 공격 사건이 발생했다.

에스토니아는 1991년에 소련에서 독립했다. 그런데 소련에 복속되었을 때 에스토니아로 이주한 러시아인들이 독립 이후에도 남아 독자적인 세력을 구축하고 있다. 러시아인들은 인구의 26%를 차지할 정도로 결코 적지 않다. 이들 중 꽤 많은 사람들은 아직도 옛 소련인의 정체성을 가지고 있다. 이 정체성의 차이는 종종 정치적 갈등으로 표출된다고 한다. 또한 러시아와 에스토니아는 관계가 그리 좋지 않다. 구 소련에서 독립하여 경제적으로 성공한 나라가 많지 않은데 인구 130만 명밖에 되지 않는 에스토니아가 유독 세계의 주목을 받고 있기 때문이다. 소련에서 독립한 직후 1993년 에스토니아의 국내총생산은 2,500달러였는데 2017년에는 1만 9,705달러로 무려 8배 가까이 성장했다. 게다가 에스토니아는 탈러시아 친서방 노선을 뚜렷하게 표방하고 있고 유럽연합에도 가입했다. 소련에서 독립한 나라가 이렇게 잘 나가니 러시아 입장에서 곱게 보일 리가 만무하다.

에스토니아에 대한 디도스 공격은 대통령궁을 비롯해 의회, 정부, 은행, 언론사 등 주요 기관의 홈페이지와 전산망에 집중되었고 전 세계 100여 개국에서 100만 대 이상의 '좀비PC'가 동원되었다. 에스토니아는 X-로드라는 국가 기간망에 정부의 모든 행정 시스템과 통신, 은행, 보험 등 주요 민간 서비스들이 연결되어 있었기에 국가 기간망

에스토니아 전자정부 보안에 핵심적인 역할을 하고 있는 가드타임 본사 건물의 표지석. (사진 © 전명산)

의 마비는 곧 사회 시스템 전체의 마비로 연결될 수밖에 없다. 공격은 3주간 지속되었고, 급기야 에스토니아는 해외에서 유입되는 인터넷 접속을 차단할 수밖에 없었다. 공격이 종료된 이후 에스토니아는 데이터의 파괴나 분실은 없다고 발표했지만 국가 기간망과 에스토니아의 전자정부 시스템이 1주일 이상 마비되었다.

  이 사건 이후로 에스토니아는 기존의 전산 방법론으로는 사이버 공격을 막을 수 없다는 결론을 내렸다. 이들은 이를 계기로 두 가지 방법을 실행한다. 하나는 해외 클라우드 서비스에 정부의 행정 데이터를 백업하는 것이고, 다른 하나는 기존의 보안 방법론보다 더 획기적인 보안기술을 찾는 것이다. 첫 번째 방법은 앞장에서 소개한 전자정부의 다섯 번째 단계 '클라우드로 이동'이라는 방법으로 이미 실행되었다.[97] 두 번째 방법으로 에스토니아는 가드타임이란 회사가 개발한 KSI_{Keyless Signature Infrastructure}라는 기술을 채용한다.

2
가드타임, 미래를 준비하다

　가드타임은 악터 불다스Ahto Buldas와 마틴 루벨Martin Ruubel이 2007년에 에스토니아 탈린에 설립한 보안기술 전문회사다. 가드타임은 KSI라는 독특한 구조의 보안기술을 독자적으로 발전시켰다. 이후 비트코인의 탄생과 더불어 블록체인이라는 새로운 보안 아키텍처가 세상에 알려지자 KSI 기술이 블록체인 기술과 유사하다는 것을 알게 되었다. 그래서 지금은 KSI도 블록체인의 일종으로 분류된다. 앞에서 이야기한 대로 KSI 기술의 역사는 비트코인보다 오래되었다. 에스토니아 정부가 기존의 보안기술보다 나은 방법론을 찾기 시작했을 때 KSI 기술을 만든 탈린 공대의 교수 악터 불다스는 마트 사르페라Märt Saarepera와 함께 이미 몇 년 전부터 비트코인의 블록체인과 유사한 구조의 보안 시스템을 고안하고 있었다.[98] 당시 고민의 핵심은 비트코인과 비슷하게 신뢰할 중앙기관 없이도 정보의 무결성을 보장해주

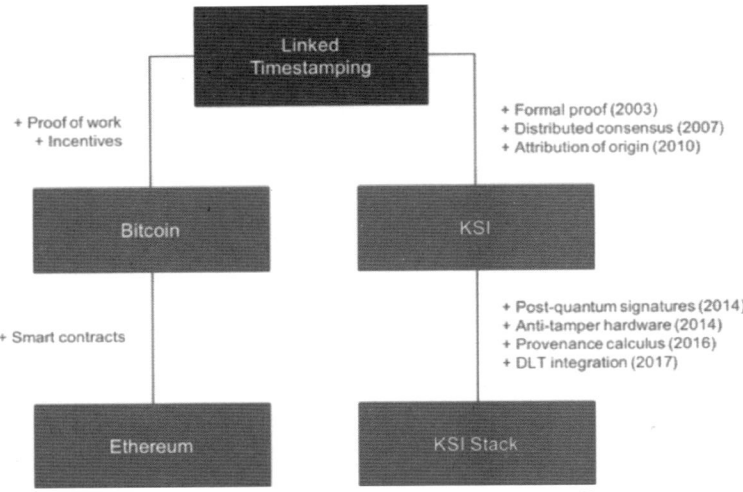

가드타임이 제시하는 블록체인 기술의 계보 (출처: 가드타임 홈페이지[99])

는 방법론을 찾는 것이었다.

인터넷 보안에서는 흔히 PKIPublic Key Infrastructure라는 방식이 사용되고 있다. 그런데 PKI는 누군가 중앙에서 키Key를 관리해야 하는 단점이 있다. 따라서 PKI 기술은 개인의 관리 소홀로 키를 누출시킬 수 있는 위험과 더불어 키를 관리하는 중앙기관이 해킹당할 위험이 항시 존재한다. 즉 PKI 구조에서는 키를 관리하는 한곳만 공격해서 망가뜨리면 공격이 성공하는 단일지점 장애Single point failure가 발생할 가능성이 존재하는 것이다. 반면 KSI 방식은 PKI 기술과 달리 키가 없이keyless 데이터의 안전성과 무결성을 보장하는 방법이다. KSI 구조는 데이터를 해시값으로 바꾸고 새로운 해시를 만들 때 이전 해시값을 넣어 해시값을 생성해서 데이터의 해시값들이 꼬리에 꼬리를 물고 이어지는 방식이다. 여기에 머클트리Merkle Tree 구조가 이용된다. 또한 이 데이터는 여러 대의 서버Shared database에 동시에 저장된다. 비트코인 블록체인의 기본 구조와 굉장히 유사한 방식이다. 다만 비트코인은 전자화폐를 구축하는 데 초점을 두었다면, KSI는 데이터 자체의 위변조 방지에 초점을 두고 이에 최적화된 기술을 개발한 것이다. 두 기술이 어느 것이 더 우월하다고 비교할 수는 없을 것이다. 두 기술 모두 블록체인이라는 아키텍처가 가능하다는 것을 처음으로 증명한 개념 증명 프로젝트로서 각자 다른 방식으로 다른 용도에 맞는 최적화된 기술 아키텍처를 만들어낸 것이다.

가드타임은 2007년부터 본격적으로 에스토니아 정부와 협업을 시작해[100] 사토시 나카모토가 백서를 발표한 2008년에 이미 KSI 기술에 대한 테스트를 시작했다. 그리고 2012년부터는 실제 에스토니아 정부 및 민간 서비스에 적용되기 시작한다. 기자단이 가드타임을 방문했을 때 공공 부분의 부사장인 이보 로흐무스Ivo Lõhmus는 자신들의 이런 역사를 자랑스럽게 설명했다. 우리는 이 작은 나라에서 이토록 유명한 기술이 먼저 탄생했다는 사실에 놀랄 수밖에 없었다. 그들은 이미 십수 년 전부터 에스토니아 전자정부의 미래 10년을 준비하고 있었던 것이다.

필자가 장난스럽게 "혹시 사토시 나카모토가 가드타임 블록체인 구조를 베낀 단서나 증거가 있냐?"고 물었을 때 이보 로흐무스는 웃으며 "아닐 것."이라고 대답했다. 오히려 비트코인에 대해서는 "이미 있는 기술들을 조합해서 천재적인 방법으로 금융에 활용할 수 있는 기술을 만들어냈다"고 칭찬했다. 사실 이런 정도면 사토시 나카모토가 '가드타임의 기술을 참고했을 가능성도 있다'거나 혹은 '그럴지도

가드타임 및 블록체인 기술을 소개하고 있는 이보 로흐무스 (사진 ⓒ 전명산)

모른다'고 살짝 우겨볼 만도 한데도 당연하다는 듯 부인하는 그에게서 엔지니어의 양심과 자존심을 느낄 수 있었다.

가드타임이 개발한 이 기술은 에스토니아 국가 기간망인 X-로드의 핵심적인 보안 모듈로 사용된다. 그들은 2012년부터 차례차례 X-로드에 연결된 정부 서비스들에 블록체인 기술을 적용해왔다.[101] 예를 들면 전자 건강관리 기록the e-Health Record, 처방전 데이터베이스e-Prescription database, 전자 법전과 법원 시스템e-Law and e-Court systems, 전자 경찰 데이터e-Police data, 전자 뱅킹e-Banking, 전자 상업 등기소 및 토지 등기소e-Business Register and e-Land Registry 등의 데이터 무결성을 확보하는 데 KSI 기술이 사용되고 있다.

에스토니아는 블록체인에 저장된 해시값 덕분에 전자문서가 위조될 가능성은 거의 없다고 본다. 따라서 전자문서와 종이 문서가 서로 달라 진본 확인을 해야 하는 경우, 전자문서에 우선권을 준다. 또한 법은 시간이 지나면 계속 개정된다. 이때 증증 종이 법전이 배포가 늦거나 정보 전달이 안 되어 판결에 혼란이 오는 경우가 생긴다. 이런 상황을 방지하기 위해 에스토니아는 전자법전에 우선권을 주었다. 또한 법령이 개정되면 종이 법전을 배포하는 것보다 먼저 온라인 법전을 배포한다. 개정된 법령을 실시간으로 배포하는 구조를 만든 것이다. 또한 판결문에는 어느 시점의 법이 적용되었는지 함께 기록되어 있어 개정된 법이 올바르게 적용되었는지 검증이 가능하다. 블록체인을 활용해 문서의 위변조를 방지할 수 있는 효과적인 방법을 개발함으로써 실시간으로 법령을 공표하는 것은 물론이고, 법령의 변화에 따른 판결의 오류도 예방할 수 있는 전반적인 행정 시스템의 효율화까지도 확보한 것이다.

3
블록체인을 활용하는 방법

일반적으로 블록체인은 아직까지 성능 이슈에서 자유롭지 않은 상황이다. 그런데 에스토니아는 어떻게 2012년에 블록체인을 국가 행정 시스템에 활용했을까? 에스토니아가 블록체인을 활용하는 방법은 두 가지다.

첫 번째 방법은 모든 문서의 해시값을 블록체인에 저장하는 것이다. 모든 문서 원본은 중앙 서버에서 관리된다. 다만 문서가 새로 생성되는 순간 바로 문서의 해시값을 떠서 블록체인에 저장한다. 해시값은 1초 단위로 생성된다. 해시값이란 특정 암호화 알고리즘을 통해 문서를 일정한 갯수의 문자열로 바꾼 값을 말한다. 이 문자열은 수 바이트byte, 즉 수십 개의 문자로 구성된 임의의 문자열이다. 예를 들자면 다음과 같이 표현된다.

4c5ftXwFZWUpE9FZDxMpiRaLBv3YWGGdAi1mCMpPAdo6

    문서를 특정 해시 알고리즘으로 처리하면 세상에 존재하는 모든 문서들, 더 정확하게는 세상에 존재하는 모든 디지털 파일들은 그에 대응하는 단 하나의 문자열만 갖게 된다. 해당 문자열은 마치 그 문서의 지문처럼 그 문서를 대표할 수 있다. 따라서 어떤 문서가 애초 저장된 그대로인지 아닌지를 확인하려면 처음에 블록체인에 저장된 문서의 해시값과 현재 존재하는 문서의 해시값만 비교하여 같은 값인지만 확인하면 된다. 블록체인에 해시값만 저장하는 것은 비교적 간단하고 용량도 적게 차지하기 때문에 성능 이슈가 크지 않다. 또한 비트코인처럼 블록을 생산하기 위해 어려운 계산 문제를 풀어야 하는 과정도 없기 때문에 쓸데없는 시간과 전기를 낭비할 필요가 없다. 이런 특성 때문에 KSI는 대용량 데이터를 쉽게 처리할 수 있다. 예컨대 에스토니아는 2016년부터 에스토니아의 의료기록 100만 개 전체를 블록체인 기술로 관리하고 있다.

    두 번째 방법은 시스템에 접근한 모든 로그기록의 해시값을 1초에 한 번씩 블록체인에 저장하는 것이다. 이렇게 하면 시스템에 누가 언제 어떤 문서에 접근했는지, 해킹 시도는 없었는지 확인이 가능하다. 예컨대 정부 관료나 경찰이 특정 시민의 자동차 등록 서류를 열람하거나 의사가 진료기록을 들여다봤을 때 그 기록의 해시값 역시 블록체인에 남는다. 만약 자료를 보는 과정에서 위법한 행위가 있었다면 누구라도 처벌받을 수 있는 증거를 남기게 되는 것이다.

    실제로 뚜렷한 사유 없이 개인정보를 들여다보았다가 처벌받은

가드타임 사무실 중앙에는 정부 시스템에 블록체인 기술을 활용한다는 것을 자랑하는 대형 포스터가 전시되어 있다. (사진 ⓒ 전명산)

사건이 있었다. 에스토니아의 의사들은 모든 환자 데이터에 접근할 수 있는 권한이 열려 있는데 주치의가 아닌 사람이 뚜렷한 이유 없이 기록을 들여다보거나 사후에 해명이 불가능한 경우 처벌을 받는다. 그런데 에스토니아에서 의사가 뚜렷한 이유 없이 전직 대통령의 의료기록을 들여다본 사건이 발생했다. 확인 결과 총 세 명의 의사가 이 데이터에 접근했고 그중 한 명은 의사면허를 취소당했다고 한다.[102] 이와 같이 개인정보나 문서에 접근한 기록이 명확하게 남고,

그에 따른 책임과 처벌이 명확하기 때문에 권한이 열려 있어도 굳이 들여다보지 않는다.

이렇게 만들어진 해시값들은 정부 혹은 민간기업들이 운영하는 프라이빗 블록체인에 저장된다. 그렇다면 여기서 프라이빗 블록체인의 보안을 어떻게 확보하느냐 하는 또 다른 이슈가 대두된다. 프라이빗 블록체인은 특정 회사나 기관이 독점적으로 블록체인 네트워크를 운영하고 관리하기에 언제든지 데이터를 변경할 가능성이 존재하기 때문이다. 이 문제를 해결하기 위해 가드타임은 개별 블록체인들을 트리 구조(나무가지 모양)로 묶어서 하위 블록들을 하나로 묶은 해시값을 만든 후 이를 가드타임이 관리하는 최종 프라이빗 블록체인에 초 단위로 저장한다. 이 블록체인에는 에스토니아 정부만이 아니라 에스토니아 민간기업들의 블록체인 해시값도 들어온다. 심지어 가드타임 기술을 사용하는 다른 나라 정부나 민간 기업들의 해시값도 들어온다. 이렇게 하면 각각의 회사나 기관들이 운영하는 블록체인 해시값은 가드타임에 저장된 값과 동일해야 하기 때문에 데이터의 위변조 여부를 쉽게 확인할 수 있다.

그렇다면 이제 가드타임이 운영하는 최종 프라이빗 블록체인의 무결성을 어떻게 확보할 것인가 하는 문제가 남는다. 가드타임이 상당히 신뢰받는 보안 전문 회사이긴 하지만 그들을 믿어야 한다는 것은 애초 '신뢰할 중앙기관 없이 정보의 무결성을 보장해주는 기술적 방법론'을 제공한다는 KSI 블록체인의 의도에 어긋나기 때문이다. 이들이 찾아낸 해법은 한 달에 한 번씩 특정 시점의 해시값을 영자 신문인 『파이낸셜 타임즈』에 광고 형식으로 싣는 것이다. 즉 한 달에

『파이낸셜 타임스』에 매달 공고되고 있는 가드타임의 해시값 (사진 © 전명산)

한 번씩 특정 순간의 해시값을 언론에 공개함으로써 그 이전에 기록된 모든 해시값들의 무결성을 확보하는 것이다. 아날로그 신문은 한 번에 수십만에서 수백만 장이 인쇄되어 배포되며, 또한 한 번 배포된 이후에는 다수의 도서관 등에 영구보관된다. 데이터를 위변조하는 것이 사실상 불가능하다. 독특하게도 가드타임은 디지털 문서의 무결성을 확보하는 데 있어 아날로그적인 방법을 도입했다. 그들은 디지털 데이터의 무결성을 확보해야 한다는 숙제 앞에서 그 방법이 꼭 디지털이어야 한다는 고정관념을 버린 것이다.

비트코인이 나오고 10년이 지났지만 아직까지 블록체인은 풀어야 할 숙제들이 너무 많다. 당장 규모 있는 서비스를 올리기 위한 성능조차 제대로 확보되지 않은 상황이다. 블록체인 위에 개인정보와 같은 기밀사항을 올리는 것도 현재로서는 마땅한 방법이 없고, 대용량 문서를 블록체인에 직접 저장하는 것도 효율적이지 않다. 즉 현재까지 블록체인 기술은 아주 제한적인 형태로만 사용될 수 있다. 그런데 에스토니아는 이러한 제약사항들을 영리하게 피해서 2012년 당시 기술 수준에서 블록체인으로 할 수 있는 최대치를 활용하고 있다. 효율성과 문서 처리 속도를 확보하기 위해 전체 시스템을 중앙 서버 방식으로 운영하면서 문서의 무결성 및 접근기록을 관리하는 곳에만 블록체인을 사용함으로써 각 기술들의 장점을 최대한 활용하고 있는 것이다. 또한 이 구조는 유럽의 개인정보 보호법GDPR도 만족한다. 블록체인의 데이터가 공개되어 있어도 이 안에는 데이터의 해시값들만 들어 있기 때문에 개인정보나 기밀사항들은 안전하다. 필자는 이들이 기술을 활용하는 실용적 태도에 놀랄 수밖에 없었다.

비록 에스토니아가 작은 나라이긴 하지만, 국가 규모의 행정 시스템에 블록체인 기술을 적용해서 실제로 수년 간 사용하는 나라는 세계에서 에스토니아 단 하나밖에 없다. 이런 이유로 가드타임은 영국과 싱가포르 등 전세계 10여 개 국가 정부나 기업에 KSI 솔루션을 제공하면서 매출, 직원 수, 실제 고객 구축 면에서 세계 최대의 블록체인 업체로 성장했다.[103] 가드타임은 버라이즌, 에릭슨, EY, 머스크, 다르파, 나토, SAP, 피앤지, 에릭슨, 시스코, 보잉과 같은 글로벌 기업들과 블록체인 및 보안 프로젝트를 진행하고 있으며 싱가포르, 두바이, 미국 등에서 블록체인 프로젝트를 할 때 거의 단골처럼 불려다닌다. 이뿐만이 아니라 독자적으로 개발한 하드웨어 보안장치를 글로벌로 공급하고 있고, 영국 원자력 발전소 사이버 테러에 대응하는 모의 실험 시나리오를 제공하고 실제 가상 사이버 테러 대응 연습을 진행할 정도로 보안 분야에서 두각을 나타내고 있다.

4
블록체인은 만능인가?

그런데 이상한 건, 이들이 블록체인에 대해서 끊임없이 "블록체인의 사용처는 제한적이다." "블록체인은 만능이 아니다." "블록체인으로 모든 것을 할 수 없다."라고 반복적으로 주장하고 있다는 사실이다.[104] 이에 대해서는 정부 관료나 가드타임의 임원이나 동일한 입장이다. 에스토니아 전자정부 쇼룸의 애나 피레칼도, 국가 CIO 심 시쿠트도, 카스파르 코르유스도 이와 같은 멘트를 반복했다. 이들의 말은 사실이다. 현 단계에서 블록체인은 제한적으로만 사용할 수 있다. 아직 기술이 충분히 발전하지 않았기 때문이다.

또한 에스토니아는 스마트 컨트랙트 기술에 대해서도 아직은 부정적인 입장을 취하고 있다. 아직 행정 시스템 구축에 사용할 만큼 충분히 기술이 성숙하지 않았다는 것이다. 이 판단도 어느 정도 사실이다. 스마트 컨트랙트는 '스마트 컨트랙트가 가능하다'는 것까지만 증명된 상태이지, 그것이 대용량 서비스를 처리할 수 있다거나, 시스템 안전성이 블록체인과 비슷한 수준이어서 안심하고 쓸 수 있다거나, 개인정보나 기밀정보를 안전하게 처리할 수 있다는 것은 증명되지 않았기 때문이다. 즉 스마트 컨트랙트는 아직 산업 레벨에 본격적으로 쓸 수 있을 정도로 기술이 발전한 상태가 아니다. 이더리움은 2016년에 있었던 다오 해킹부터 수차례의 해킹 사건이 있었다. 또한 2017년 7월[105]과 11월[106]에 이더리움의 스마트 컨트랙트 지갑인 패리티 지갑이 두 번이나 해킹당한 바 있다. 2018년 12월 18일 이오스 위에 올라간 분산 어플리케이션들도 해킹당하는 사건이 발생했다.[107] 당장 1년에 수차례씩 작게는 몇십억에서부터 크게는 1,000억 이상의 단위로 해킹 사고들이 발생한다. 그런데 이것을 어떻게 산업에 적용할 수 있겠는가? 따라서 디지털 기반의 정부 행정 시스템을 대규모로 운영해본 에스토니아의 입장에서 스마트 컨트랙트에 유보적인 입장을 표명하는 것은 지극히 당연하다고 말할 수 있다.

그런데 이 멘트에는 단순히 기술적인 이슈보다 더 전략적인 내용이 숨어 있다. 그 이유는 그들은 이미 중앙 서버 기반으로 세계 최고 수준의 전자정부 시스템을 구축해놓았다는 사실이다. 에스토니아는 스스로 규정했듯이 전자정부의 5단계를 넘어 6단계를 준비하고 있다. 그들은 이미 전통적인 IT 기술을 활용해서 수준급의 자동 행정 시스템을 구축해놓았다. 또한 이 전자정부 시스템 및 관련 노하우를 세계 여러 나라에 수출해서 엄청난 수익을 올리고 있다. 그들은 이미 핀란드, 아제르바이잔, 키르기스스탄, 나미비아 등에 전자정부 시스템을 수출했으며 아이티와 우크라이나에도 수출할 예정이다.

스마트 컨트랙트는 1994년 닉 자보가 처음 제안한 개념이다. 이 개념은 한동안 묻혀 있다가 비탈릭 부테린이 이더리움 프로젝트를 발의하면서 본격적으로 다루어지기 시작했다. 스마트 컨트랙트의 특징은 여러 가지로 정의할 수 있지만, 무엇보다 계약 내용의 자동실행이라는 것이 중요한 특징이다. 즉 계약과 관련된 내용들은 사전에 코드에 정의되어 있다. 그리고 특정한 계약 조건이 만족되면 계약 내용을 자동으로, 따라서 강제적으로 실행한다. 특히 스마트 컨트랙트가 블록체인 상에서 작동하게 되면, 이론적으로 계약 자체의 무결성이 보장되고 또한 특정 조건에 따른 계약의 강제 실행이 보장된다. 따라서 스마트 컨트랙트는 대금결제나 송금과 같은 금융거래, 부동산 계약, 물류 자동화, 대출, 보험 등 모든 종류의 계약을 처리할 수 있다. 다만 현재까지 구축된 스마트 컨트랙트 기술은 스마트 컨트랙트가 구현 가능하다는 가능성만 확인시켜준 개념 검증 단계이기에 코드의 무결성 확보, 스마트 컨트랙트 기반의 계약 작성 방법론 개발, 계약의 법적 유효성 마련 등 해결해야 할 문제들이 많이 남아 있다.

반면 스웨덴, 네덜란드, 두바이, 싱가포르 등에서 시도되는 행정 자동화 방식은 블록체인의 가능성을 최대한 활용하기 위해 스마트 컨트랙트로 구현하는 방식들이 시도되고 있다. 그리고 4장에서 보았듯이 이 중에서 네덜란드, 스웨덴, 두바이 등은 비록 실험적이고 작은 규모이지만, 블록체인 기반의 스마트 컨트랙트로 현실의 실제 행정 데이터를 처리한 사례들을 하나둘씩 만들어가고 있다. 만약 스마트 컨트랙트 기반의 행정 자동화 서비스들이 실제로 현실화된다면 에스토니아가 지금까지 쌓아온 블록체인 활용 기술과 전자정부 시스템의 시장가치는 하락할 수밖에 없다. 더불어 대외적으로도 블록체인 기술이 지나치게 강조되면 자국의 전자정부 시스템을 수출하는데 부정적인 영향을 받을 수밖에 없다.

에스토니아 입장에서 이것보다 더 큰 문제는 이미 자신들이 전통적인 IT 기술로 다른 나라들이 감히 넘볼 수 없는 상당한 수준의 행정 자동화를 구축해놓았다는 데 있다. 길게는 20년, 짧게는 10년 가까이 전통적인 중앙 서버 기술과 블록체인 기술을 융합하여 일관된 전략으로 만들어놓은 것이 있다. 그런데 이것을 버리고 블록체인과 스마트 컨트랙트 기반으로 행정 자동화를 또 진행해야 한다는 것은 상상하기도 싫은 엄청난 부담이다. 따라서 이들은 현실적으로도 그리고 전략적으로라도 블록체인 기술에 유보적인 태도를 취할 수밖에 없다.

이와 대조적으로 에스토니아 이외의 대다수 국가들은 행정 자동화 작업이 그다지 많이 진행되지 않았다. 따라서 행정 자동화에 유력하게 사용될 수 있는 상당히 잠재력 있는 기술이 등장한 마당에 굳이 기존의 기술을 활용해서 향후 10년 20년을 사용해야 할 자동화된 행정 시스템을 구축해야 할 유인이 크지 않다. 블록체인 기술의 잠재성이 확인된 2017년 이후로 전세계에서 수십 개 국가의 정부들이 앞다투어 블록체인 기반 행정 시스템 구축 프로젝트를 하는 이유가 있는 것이다. 물론 아직까지 스마트 컨트랙트는 완전하지도 않고 프로젝트에 사용하기에 그다지 자유롭지도 않다. 그러나 이미 소규모 수준이나마 성공한 사례가 나오고 있다는 것은, 이론적으로는 행정 자동화에 사용 가능하다는 것이 증명되었다고 볼 수 있는 것이다. 따라서 이제 남은 것은 보다 나은 스마트 컨트랙트를 구현할 수 있도록 해주는 기술 그리고 해당 기술을 대용량 처리가 가능한 수준으로 활용할 수 있는 방법론 등을 개발하고 경험을 축적하는 것이다. 이것은 상당 부분 시간이 해결해줄 것이다.

미래의 관점에서 본다면 아마도 전자정부 시스템 구축 및 행정 자동화는 블록체인 기반으로 하는 것이 타당할 것이다. 필자가 여러 차례 강조했듯이 블록체인과 정부 시스템은 둘 다 신뢰를 다루고 있고 정해진 프로토콜대로 작동해야 한다는 측면에서 찰떡궁합과 같은 측면이 있다. 물론 대용량 데이터를 저장한다든지 개인정보나 기밀문서를 다루는 작업에서는 기존의 전통적인 클라이언트-서버 방식과 블록체인 기술을 효과적으로 결합해서 활용하는 방법론들이 병행해서 개발되어야 할 것이다. 그럼에도 불구하고 새롭게 전자정부 시스템 구축하고 행정 자동화 작업을 진행한다면 그 근간은 블록체인 기술이 될 수밖에 없다. 따라서 에스토니아는 블록체인 기반의 행정 자동화가 본격화되는 향후 수년 사이에 전자정부와 관련된 새로운 도전 상황에 직면하게 될 것으로 보인다. 특히 (다음장에서 보게 되겠지만) 유럽연합이 유럽 대륙 전체에 블록체인 인프라를 까는 방향으로 나아가는 상황이라면 에스토니아가 지금까지 구축해놓은 모델은 생각보다 빠르게 '구식 모델'로 전락할 가능성이 있다.

그런데 그들이 지금까지 기술을 활용하면서 찾아낸 방법들을 생각해보면, 에스토니아에게는 이것조차도 그다지 어렵지 않은 도전

일지도 모른다. 블록체인 아키텍처를 전세계에서 처음으로 행정 시스템에 도입했고, 전자영주권이라는 개념으로 디지털 영토를 확장하고 있고, 고정관념을 뒤집어 아날로그 기술을 활용해 디지털 정보의 무결성을 확보하는 방법을 찾아냈고, 디지털 대사관이라는 개념으로 자국의 행정 데이터 전체를 해외에 옮겨놓는 파격적인 방법을 실행하기도 했다. 나는 에스토니아가 또 어떤 기발한 아이디어들을 들고 나올지 몹시 궁금하다. 에스토니아는 들여다보면 볼수록 '미래에서 온 국가'라는 생각이 든다.

8장

유럽연합의 새로운 실험

블록체인으로 하나 되는 유럽

1
블록체인 인프라를 준비하다

유럽이 공공 영역 블록체인에서 취하는 행보는 주목할 만하다. 그들은 개별 국가 범위를 넘어 유럽 전체를 포괄하는 사회 인프라로 블록체인을 채용하려는 계획을 실행 중이다. 2018년 4월 10일 벨기에 브뤼셀에서 열린 '2018 디지털 데이' 행사에서 독일, 프랑스, 영국 등 유럽 집행위원회EC의 22개 회원국들은 '유럽 블록체인 파트너십Europe Blockchain Partnership' 출범 선언문에 공동 서명했다.[108] 이번 협력 프로젝트의 목적은 두 가지가 있다. 첫째, 회원국들이 블록체인 기술과 규제 정보 등 전문적인 사안을 공유하고 함께 논의함으로써 개별적으로 사안에 대처할 때 나타나는 비효율성이나 시행착오를 막자는 것이다. 둘째, 유럽 대륙을 포괄하는 단일 디지털 마켓에서 통용될 수 있는 블록체인 인프라를 준비하겠다는 것이다. 이에 따라 유럽연합 차원의 블록체인 애플리케이션을 출시하는 논의도

벨기에 브뤼셀에 소재한 유럽연합 집행위원회 건물 (사진 출처: 위키피디아)

함께 진행될 예정이다.

지금까지 정부가 진행하는 블록체인 프로젝트는 상당 부분 개별 국가 내에서 실험되어 왔다. 그런데 이번 유럽연합의 시도는 개별 국가 차원을 넘어 유럽연합 경제권 전체를 아우르는 블록체인 인프라를 구축하려는 것이다. 또한 유럽연합은 22개국 이외의 유럽연합 회원국 및 유럽연합은 아니어도 유럽연합 경제권 내에 있는 비회원국들에게도 동참을 요청했다. 초기 파트너십에 참여한 나라는 오스트리아, 벨기에, 불가리아, 체코, 에스토니아, 핀란드, 프랑스, 독일, 아일랜드, 네덜란드, 스웨덴, 영국을 포함한 22개 국가다. 이후 그리스, 루마니아, 덴마크, 키프로스가 차례로 가입했고 2018년 9월 27일에는 이탈리아가 가입하면서 총 27개국으로 늘어났다.[109] 이 중 에스토니아, 네덜란드, 스웨덴, 영국 등은 이미 상당수의 블록체인 프로젝트들을 자체적으로 실험해왔다. 이들 프로젝트들 중 산모 지원 프로그램이나 부동산 거래 시스템과 같은 프로젝트들은 2018년에 이르러 테스트 단계를 넘어 조심스럽게 실생활에 적용되는 중이다.

이들 국가 중 특히 관심을 끄는 나라는 영국이다. 영국은 2016년 브렉시트Brexit로 유럽연합 탈퇴를 결의한 상태에서 수년 동안 유럽연합과 분리된 행보를 걸어왔다. 그렇기에 영국의 동참은 블록체인 기술을 매개로 유럽이 다시 협력하는 계기가 될 것이라고 예상된다. 그리고 영국은 블록체인 기술과 관련해 유럽연합 내에서도 선도적으로 연구하고 테스트해온 국가다. 따라서 이 기회를 이용해 유럽연합 내에서 영국의 위상을 높이는 계기로 활용할 것으로 예상된다. 2019년 2월 기준 영국은 브렉시트를 철회할지 고민하고 있다.

유럽연합의 이러한 행보는 출범 당시의 목표였던 유럽 내 단일 시장 구축 및 단일 통화 실현의 포부와 궤를 같이하는 것이다. 유럽연합은 출범 당시 '단일한 유럽'이 희망사항이고 비전이었는데 브렉시트나 그리스 국가 부도 사태 등으로 그 비전에 먹구름이 끼었던 것이 사실이다. 그런데 유럽은 다시 블록체인 기술을 활용해 그 비전을 실질적으로 구현할 수 있겠다는 판단을 한 것이다. 또한 이번 기회에 유럽연합을 포괄하는 블록체인 기술을 먼저 개발하고 도입해서 향후 블록체인 기술을 둘러싼 글로벌 표준 경쟁에서 우위를 점하겠다는 의도도 담겨 있다. 즉 실질적인 유럽 통합을 실현하고 그 경험으로 글로벌 시장에서 확고한 우위를 점하겠다는 것이다.

유럽연합의 디지털경제사회 집행위원인 마리야 가브리엘Mariya Gabriel은 "미래 모든 공공 서비스는 블록체인 기술을 사용하게 될 것"이라고 말했다. 유럽연합이 블록체인 기술에 대해 어느 정도 확신을 가지고 있는지 잘 보여주는 선언이다. 또한 유럽연합위원회 안드루스 안시프Andrus Ansip 부위원장은 '디지털 데이'의 개회사에서 "블록체인 기술은 연구소를 벗어나 주류로 나아가고 있다"며 유럽연합 국가들에게 인공지능 분야만큼 블록체인 기술에도 투자해야 한다고 촉구했다. 이러한 유럽연합 관계자들의 언급은 말잔치로 끝나지 않는다. 유럽연합 집행위원회는 2018년 4월까지 약 8,000만 유로(약 1,000억 원)를 블록체인 기술에 투자했고, 2020년까지 3억 유로(한화 3,900억 원)를 더 투자할 예정이다.

이미 2017년 11월부터 유럽연합은 유럽 전역을 아우르는 블록체인 기반 시설을 구축하는 효과와 이에 필요한 비용을 연구해왔다. 이어 유럽 집행위원회는 2018년 2월 '유럽연합 블록체인 관측 및 논의 기구EUBOF'를 출범시켰다. 2018년 상반기에는 블록체인을 포함한 새로운 기술을 연구하고 육성하는 핀테크 연구소를 건립하기로 했다.[110] 22개 국가의 블록체인 파트너십은 바로 이러한 노력들이 구체적인 결과로 열매를 맺은 것이다.

2
이미 기반은 구축되고 있다

이처럼 유럽연합은 과감한 행보를 내딛고 있는데 그 배경에는 그동안 유럽연합의 각 국가들이 진행해온 블록체인 프로젝트들의 결과물들을 통해 이미 블록체인 기술의 유용성, 활용 방법, 활용처에 대해 확신을 얻었기 때문으로 보인다. 지금까지 유럽의 각 국가들에서는 총 100여 개의 블록체인 프로젝트들이 진행되고 있다. 그중 일부는 테스트 단계를 넘어 2018년부터 실생활에 적용되고 있다. 즉 이미 개별 국가에서 연구하고 테스트한 결과물들이 상당량 축적되어 있는 것이다. 따라서 유럽의 각 국가들은 타국에서 쌓아온 프로젝트들의 실패와 성공에 대한 경험을 공유하는 것만으로도 엄청난 시너지를 얻을 수 있는 상황이다. 예컨대 유럽연합과 행보를 같이하기로 한 영국은 이미 2015년 말에 「분산원장기술: 블록체인을 너머 Distributed Ledger Technology: Beyond block chain」라는 88쪽짜리 보고서[111]를 통해 분산원장이 정부의 공공 서비스를 혁신하는 기술이라고 정의하고 정부에 블록체인 기술의 도입을 촉구한 바 있다. 이 보고서는 많은 정부들이 블록체인 기술에 본격적으로 관심을 갖게 만드는 계기가 되었다. 이후 영국은 블록체인 기반의 연금 지급 관리 시스템을 테스트했고 블록체인을 활용한 은행 간 실시간 결제 시스템도 테스트 중이다. 더불어 2016년부터 각 정부 부처들이 각자 블록체인을 개발해서 직접 테스트해볼 수 있는 블록체인 인프라 서비스Blockchain as a Service도 제공하고 있다.

또한 유럽연합의 회원국인 에스토니아는 이미 세계 최고의 전자정부 서비스를 구축해놓았다. 이 서비스들 중 개인 신원 관리 시스템, 투표 시스템, 의료정보 시스템 등에 이미 블록체인 기술을 적용하여 보안을 강화해놓았다. 앞에서 보았듯이 스웨덴은 블록체인 기반의 부동산 거래 자동화 시스템을 세 차례에 걸쳐 실험했으며 2018년에는 비록 소규모이기는 하지만 실제 부동산 거래에 적용해보았다. 네덜란드는 정부 지원으로 2016년부터 세금 관리, 디지털 신원정보 관리, 물류 관리, 자율주행차, 부채 컨설팅, 국가 간 유독물질 수송, 부동산 거래 어플리케이션, 환자 정보 통합 시스템 등 25부처에서 40개의 블록체인 관련 프로젝트를 진행하고 있다. 또한 이 과정에서 일부 부처의 공무원들이 국가 간 협력의 필요성을 느끼고 협력 프로젝트를 요청하여 일부 프로젝트들은 블록체인 프로젝트의 선두주자로 꼽히는 두바이나 에스토니아 등과의 협력으로 진행되기도 했다.

이미 유럽의 각 국가들은 네덜란드와 같이 블록체인 프로젝트를 선도적으로 치고 나가는 나라들을 중심으로 두세 개 나라들이 크고 작은 프로젝트들을 공동으로 진행하고 있다. 더치블록체인연합은 벨기에 수도 브뤼셀에 위치한 유럽의 핀테크 플랫폼 비하이브B-Hive[112] 및 룩셈부르크 금융기술원LHoFT, The Luxembourg House of Financial Technology과 함께 블록체인 기술 또는 분산원장기술 개발과 관련하여 상호협력을 위한 양해각서MOU를 체결했다.[113] 특히 네덜란드는 유럽연합 내에서 독극물을 처리하는 프로세스가 국경을 넘는 사례가 많다는 사실을 확인하고, 이웃 나라들과 함께 독극물이 국경을 넘나들면서도 도중에 아무런 문제가 없이 정확한 경로로 운반되어 정확한 처리과정을 거쳤는지 확인할 수 있는 블록체인 기반의 독극물 처리 관리 시스템을 테스트하고 있다. 네덜란드는 이미 개별 국가 단위를 넘어서는 범위의 블록체인 기술을 구축하는 경험까지 축적해놓은 것이다. 더불어 블록체인 기반의 법정화폐는 이미 10여 개국에서 동시에 다양한 방법으로 테스트가 진행되어 왔다.

이처럼 유럽연합은 국경을 넘는 은행 간 실시간 결제, 부동산 거래 자동화, 신원정보 관리, 의료정보 관리, 연금 관리, 문서 관리, 물류 관리, 세금 관리, 블록체인 기반 디지털 화폐 등 다양한 영역에서 블록체인 기반의 행정 시스템이 실제로 작동가능하다는 것을 확인한 상태다. 기술 영역에서도 이더리움 기반의 프라이빗 블록체인, 하이퍼렛저, 코르다, 리플 등 다양한 기술 플랫폼을 활용하여 다양한 종류의 프로젝트들을 진행해왔기 때문에 풍부한 실전 개발 경험과 노하우를 축적하고 있다. 더불어 블록체인 외부의 데이터와 블록체인을 안전하게 연결하는 방법, 블록체인 위에서 개인정보를 다루는 방법도 다양한 방식으로 탐색하고 있다. 이들 테스트 프로젝트들은 단

발성으로 끝난 것이 아니라 초기 아주 간단한 개념 증명 프로젝트부터 점차 규모와 포괄 범위를 키워나가며 실제 상용 서비스에 가까운 수준으로 확장되면서 수차례에 걸쳐 테스트가 진행되었다.

유럽연합은 유럽 내에서 국가별로 테스트된 기술들을 적극적으로 수용하고 있다. 2018년 12월 10일 EUBOF는 블록체인 기반 디지털 신원인증 시스템과 블록체인 기반 디지털 화폐 발행의 유용성을 소개하고 해당 시스템의 채택을 권고하는 보고서를 발표했다.[114] 이 보고서에서 EUBOF는 새로운 디지털 ID 관리 시스템으로 자기주권 신원정보 시스템을 적극 추천했다. 이 시스템은 2장에서 살펴보았듯이 이미 네덜란드가 프로토타입을 개발하고 활발하게 테스트하고 있으며, 독일과 바르셀로나도 개발하고 있다. 만약 유럽연합이 실제로 이 시스템을 도입한다면 국가가 개인정보를 직접 관리하지 않고 '개인정보의 주권을 개인에게 돌려주는' 파격적인 단계로 진입하게 될 것으로 보인다.

이와 같이 유럽연합은 유럽의 각 국가들이 쌓은 경험과 노하우가 서로 공유되고 확산된다면 예상보다 빠른 시간 내에 원하는 결과를 얻을 수 있을 것이다. 개별 국가들이 수년 전부터 연구하고 실험하고 실제 현실에 적용해본 기술과 경험들을 바로 이웃나라에 적용할 수 있기 때문이다. 또한 전세계 어느 지역도, 블록체인 시스템 연구개발 및 실제 적용과 관련하여 이 정도로 방대한 영역에서 수년간 축적된 경험을 가진 곳이 없다. 따라서 전세계 공공 영역에서 사용될 수 있는 표준 블록체인 기술을 구축하겠다는 유럽연합의 판단이 근거 없는 비전은 아닌 것으로 보인다.

3
블록체인, 단일한 유럽을 구축하는 도구

유럽연합은 블록체인 기술에 주목하고 있다. 개별 국가 내에서의 테스트 과정을 통해 블록체인 기술이 공공 영역에 최적의 솔루션이 될 수 있다는 확신을 얻었기 때문이다. 무엇보다 해킹이 어렵고 데이터 위변조나 유실이 발생할 가능성이 획기적으로 줄어든다. 블록체인의 실시간 데이터 동기화 기능은 그 이전에는 3일이나 걸리던 은행 간 결제 처리 시간을 실시간으로 처리하는 결제 처리 시스템RTGS, Real Time Gross Settlement을 가능하게 해준다. 또한 스웨덴의 사례가 보여주듯 블록체인 위에서 스마트 컨트랙트로 구축된 부동산 거래 시스템은 실시간 거래가 가능한 자동화된 행정 시스템을 구축할 수 있다는 것을 증명한다. 이 모든 과정에서 데이터의 무결성이 보존되고 데이터의 영구 보존이 가능해진다. 행정 시스템을 작동시키는 데 있어서 신뢰도, 처리 속도, 정확성이 획기적으로 높아지는 것이다.

따라서 이런 시스템이 일반화된다면 사회의 신뢰도는 전례 없는 수준으로 높아질 것이다. 사회적 자본 이론Social Capital theory[115]에 기반하여 '신뢰'를 일종의 사회적 자본으로 본다면 블록체인 기술이 제공하는 신뢰는 전례 없는 수준의 거대한 사회적 자본을 구축할 수 있게 해줄 것이다. 이는 곧 사회적 신뢰를 기반으로 사회 전체가 활성화되는 선순환으로 이어질 것이다.

수천 년간 인류의 역사에서 지배적인 역할을 해온 중앙집중형 모델은 모든 권한을 중앙이 소유하고 책임도 지는 구조였다. 이와 같은 구조의 대표적인 사례가 바로 국가이고, 또한 클라이언트 서버 구조의 인터넷 서비스들이다. 유럽연합은 국가들의 연합으로 출발했다. 즉 권한을 어느 한 나라가 소유할 수 없으면서도 서로의 신뢰를 확보해야 유지될 수 있는 구조다. 이러한 구조는 블록체인의 구조와 일맥상통하는 부분이 있다. 따라서 유럽연합이 블록체인을 채용하는 데 이렇게 적극적인 것은 충분히 이해가 된다. 오히려 이들은 국가 간의 연합 정도로는 확보할 수 없는 신뢰를 블록체인 기술이 메워줄 것으로 기대하고 있다. 유럽 국가들이 서로의 신뢰 인프라를 컨소시엄 블록체인 정도로만 연결해도 일국이 지배하지 않으면서 권한과 책임이 분산된 상태에서 사전에 합의된 프로토콜대로 서로의 약속이 실행되고 사회가 운영되는 것은 보장되기 때문이다. 만약 이와 같은 작업이 일정 수준 이상 진행된다면 그들은 정말 유럽을 관통하는 블록체인 인프라를 구축할 수 있을 것이다. 만약 유럽연합 전체에 이러한 서비스들을 제공할 수 있다면 탄탄한 신뢰 시스템 위에서 작동하는 명실상부 하나의 경제 공동체이자 하나의 생활 공동체로 통합될 수 있다. 블록체인 기술을 기반으로 하나로 통합된 유럽이라는 유럽연합의 비전을 실현하겠다는 전략에 고개를 끄덕이게 되는 이유다.

4
남북한 합작 블록체인 네트워크를 제안한다

혹시 우리도 동북아 블록체인 연합과 같은 새로운 시도를 꿈꿀 수는 없을까? 기반은 약하지만 불가능하지는 않을 것이다. 아니, 동북아에 앞서 남북한에 단일 블록체인 인프라를 먼저 적용할 수도 있다. 서로에 대한 신뢰가 부족한 상황에서 신뢰 인프라를 먼저 까는 작업은 남북한이 하나의 경제 공동체로 다시 묶어내는 적절한 해답이 될 수 있다. 이에 대해 보스 플랫폼의 최예준 대표는 2019년 1월 22일 디센터에 기고한 글 「〈블록체인 넥스트〉④남북 교류, 암호화폐가 책임진다」에서 다음과 같은 아이디어를 제안한 바 있다.[116]

남북미 정상회담 등으로 남북한 해빙 무드가 펼쳐지는 이때, 법정화폐가 다른 남북한이 블록체인으로 설계한 암호화폐를 쓴다면 어떨까? 무엇보다 먼저 '신뢰' 구축을 생각해볼 수 있다. 블록체인은 남북관계처럼 이해당사자가 많고 신뢰가 필요한 시장에 효과가 크다. 남북한 외에도 미국, 중국 등이 얽힌 한반도 국제 정세는 신뢰가 생명이다. 특히 미국이나 한국 입장에서는 교류 자금이 핵무기 개발이나 군사용으로 쓰여선 안 된다. 중국도 북한에 경제 지원을 하는 것 아니냐는 의심의 눈초리를 받고 있는데 암호화폐 네트워크 설계를 통해 투명성을 확보할 수 있다. 세계적 이슈인 남북문제에 투명성과 신뢰성이 확보된다면 새로운 국면을 맞이할 것이다. 국제사회도 자금 흐름을 투명하게 볼 수 있다는 점에서 쌍수를 들어 환영할 일이다. 물론 그전에 해결해야 할 문제가 많겠지만 거버넌스 논의 수단으로서도 블록체인은 가장 최적화돼 있다. 블록체인을 활용한다면 남북 간 합의에 따른 운영 이슈는 코드로 해결할 수 있다. 합의 프로토콜이 실행을 강제한다.

블록체인은 북한에 대한 경제 제재에서 자유롭게 만든다. 현재 북한은 국제 금융 결제망인 스위프트SWIFT를 이용할 수 없어 북한 내 은행으로 송금이 막힌 상태다. 블록체인은 이런 제재와 상관없이 당사자끼리 자율 거래 및 규제를 가능하게 한다. 당사자 합의를 통해 재화, 상품, 용역 등이 인도적으로 흐를 수 있는 길을 튼다.

남북한 경제 커뮤니티 형성과 구성을 위한 수단으로서도 블록체인은 적절하다. 예전부터 남북한 교류에서 이슈가 됐던 지점 중 하나가 결제 수단이었다. 두 나라 통화가 다르기 때문에 중립적인 화폐가 필요하다. 블록체인 이전에는 적합한 수단이 없었으나 암호화폐는 좋은 수단이 될 수 있다. 규모나 비용 등의 문제로 지역화폐에는 블록체인이 적합하지 않아도 국가 간 거래 규모라면 블록체인은 좋은 도구이자 수단이 될 수 있다. 암호화폐가 투기 대상이 될 위험성도 적다.

비트코인과 같은 암호화폐는 돈 자체를 프로그램할 수 있기 때문에 '프로그램 가능한 화폐'[117]라고도 불린다. 프로그램 가능한 화폐란 화폐 수량, 화폐의 용도, 화폐의 사용처 등을 프로그램으로 정의하고 작동시킬 수 있는 화폐를 의미한다. 예를 들자면 비트코인의 특징 중 하나는 화폐의 총 수량을 2,100만 개로 제한한 것이다. 이것이 가능한 이유는 프로그램 안에 화폐의 총 수량을 정의(제한)한 코드가 들어 있기 때문이다. 화폐의 수량 제한만 가능한 것이 아니다. 수량이 지속적으로 늘어나는 화폐도 가능하고 일정하게 수량이 줄어드는 화폐도 가능하다. 특정 조건에 따라 화폐 수량이 자동으로 늘어나거나 줄어들게 할 수도 있다. 코드가 법으로 작동하는 프로그램이기 때문이다. 보다 실용적으로 재래시장 활성화를 위한 쿠폰도 아주 손쉽게 발행할 수 있다. 디지털 화폐에 '골목상권 활성화용 화폐'라는 꼬리표를 붙여 소상공인 가게에서만 사용되도록 제한하면 되기 때문이다. 또 다른 예로 정부가 저소득층에 제공하는 의료지원비가 다른 용도로 사용되지 않고 병원이나 약국에서만 사용될 수 있도록 제한할 수도 있다.[118]

에스토니아가 고심하는 에스트코인은 프로그램 가능한 화폐의 대표적인 사례가 될 가능성이 있다. 6장에서 살펴본 에스트코인과 관련해 에스파니아 대통령과 심 시쿠트 최고정보책임자 등이 남긴 수수께끼 같은 말들 "신분증처럼 상대방의 신원 확인에 쓰이는 블록체

프로그램 가능한 화폐Programmable money란 지폐나 동전과 같은 아날로그 매체로 작동하던 화폐 시스템이 디지털 기반으로 변경되면서 나타나는 새로운 현상이다. 디지털 환경은 (소프트웨어) 코드로 작동된다. 우리는 코드 속에 다양한 기능과 조건을 구현할 수 있기 때문에 다양한 용도와 목적과 기능을 가진 화폐를 프로그램으로 구현할 수 있다. 블록체인 기술의 등장으로 디지털 기술 기반의 화폐 시스템이 가능해졌기 때문에, 향후 우리는 이전에는 경험하지 못했던 아주 다양한 형태의 용도와 목적과 기능을 가진 화폐들을 경험하게 될 것이다.

인 기술이 될 것"이라거나, "에스트코인은 '전자영주권' ID 프로그램용으로만 쓰일 가능성이 일부 있을 뿐"이라거나, '로그인 여부'를 확인할 수 있는 등 일종의 정보기술로 봐야 한다"거나, "궁극적으로는 사람의 정보를 저장하는 데이터베이스 기능을 하게 될 것"이라거나, "전자영주권을 소지한 사람들 사이에만 통용되는 커뮤니티 화폐로만 사용될 수도 있다"거나, "전자영주권을 신청한 사람에게 코인을 지급하고 각종 수수료 등을 해당 코인으로 지급할 수 있도록" 한다는 말 등을 종합해보면 다음과 같은 시나리오가 가능하다. 에스트코인은 전자영주권을 가진 개인들 사이에서만 통용되는 커뮤니티 화폐로 사용되며 화폐 자체에 소유주와 받는 사람 정보 등이 포함되어 있어 커뮤니티 내에서 물품 대금 지급, 세금이나 각종 공과금 납부 등의 수단으로 사용될 수 있다. 화폐 자체에 소유주 정보가 포함되어 있기에 로그인할 필요없이 해당 화폐로 결제하는 순간 즉시 아이디가 확인되는 기능(로그인과 동일한 기능)이 가능하다. 만약 이것이 현재의 e-ID 시스템과 결합된다면 에스트코인은 이전과는 완전히 다른 경제를 작동시키는 새로운 방식의 화폐 시스템으로 기능할 수도 있다. 전혀 이질적으로 보이는 로그인, 신원확인, 세금납부, 커뮤니티 화폐 기능이 결합되는 새로운 화폐경제 시스템을 상상할 수 있는 이유는 블록체인상에서 돈의 특징과 용도를 프로그래밍할 수 있기 때문이다.

이와 비슷한 구조로 우리는 남한과 북한이 공동으로 운영하는 블록체인 기반의 암호화폐를 발행하고, 해당 암호화폐가 특정한 용도 내에서만 사용되도록, 혹은 특정한 용도에는 사용하지 못하도록 제한을 걸 수 있다. 이미 사우디 아라비아와 아랍 에미레이트 중앙은행은 공동으로 양국의 공동 디지털 화폐인 아버Aber를 이용해 돈을 보내고 결제를 진행하는 테스트를 진행하기로 했다. 이웃한 두 나라 사이에 블록체인 기반 금융 결제 시스템이 효과적인지 시험해보겠는 것이다.[119] 이 두 나라뿐만 아니라 싱가포르의 우빈 프로젝트, 영국의 RTGS 프로젝트[120] 등 정부기관 및 중앙은행과 함께 국제은행 간 거래 및 결제에 독자적인 암호화폐 도입을 시도하는 프로젝트는 이미 여러 개가 존재한다. 따라서 남북한이 서로 신뢰할 수 있는 거래 시스템을 구축하기 위해 블록체인 기반의 별도 화폐 네트워크를 만드는 것은 전혀 비현실적인 상상이 아닙니다. 또한 블록체인에서는 해당 돈의 사용 내역이 투명하게 공개되기 때문에 사후 검증은 물론이고 실시간으로 돈의 사용처를 확인할 수도 있다. 앞에서 설명한 에스트코인과 비슷한 콘셉트 혹은 구조로 설계한다면 누가 어디에 사용했는지도 투명하게 기록이 남을 수 있다. 만약 개인정보 보호가 필요하다면 개인의 신상명세가 직접 드러나지 않도록 소상공인 거래내역, 원자재 거래내역, 에너지 거래 내역 등 산업별, 업종별 카테고리로 데이터를 구분하여 취합하는 등의 방식으로 부분적인 익명화 처리도 가능할 것이다. 프로그램이기 때문에 이런 부분은 대단히 유연하게 대처할 수 있다.

만약 북한이 이러한 계획에 합의한다면 우리는 개성공단과 같이 남북한이 공동 사업으로 만들어낸 부가가치가 북한의 무기 구입이나 군비 확충에 사용되지 않고 북한의 경제발전과 민간경제에만 사용되도록 제한할 수도 있다. 블록체인 개발 문화를 따라서 이 네트워크를 작동시키는 데 필요한 소스는 모두 오픈소스로 공개해서 전세계 누구나 검증할 수 있도록 할 수 있다. 필요하다면 이 블록체인 네트워크를 운영하고 관리하는 데 6자 회담에 참여하는 나라 등 이해관계가 많은 주변국들이 공동으로 참여하도록 함으로써 주변국들의 신뢰를 이끌어낼 수도 있을 것이다.

만약 이와 같은 화폐 시스템이 안착한다면, 우리는 한 발자국 더 나아가 유럽연합이 시도하는 것처럼 남북한을 아우르는 블록체인 기반의 단일한 사회 인프라를 구축하는 것도 시도해볼 수 있다. 위에서 이야기한, 가장 신뢰가 필요한 화폐 시스템에서부터 ID 관리 시스템, 사회보장 시스템, 보험 시스템 등을 남북한 공동으로 구축한다면 우리는 남북한이 서로를 신뢰할 수 있는 사회로 빠르게 진입할 수도 있을 것이다.

  이처럼 서로 상대방이 언제든 배신할 수도 있다고 의심하는 상황에서도 블록체인은 신뢰를 보장하는 장치로 활용될 수 있다. 이런 신뢰 보장 시스템이 가장 신뢰가 부족했던 남북한을 중심으로 먼저 구축된다면, 이 신뢰 시스템을 동북아로 확장하는 것은 충분히 예상해볼 수 있는 일이다. 이 정도면 대한민국의 미래 전략으로 검토할 만하지 않을까?

왜 블록체인은 필연적인가?

블록체인, 신뢰 문명을 구축하는 인프라

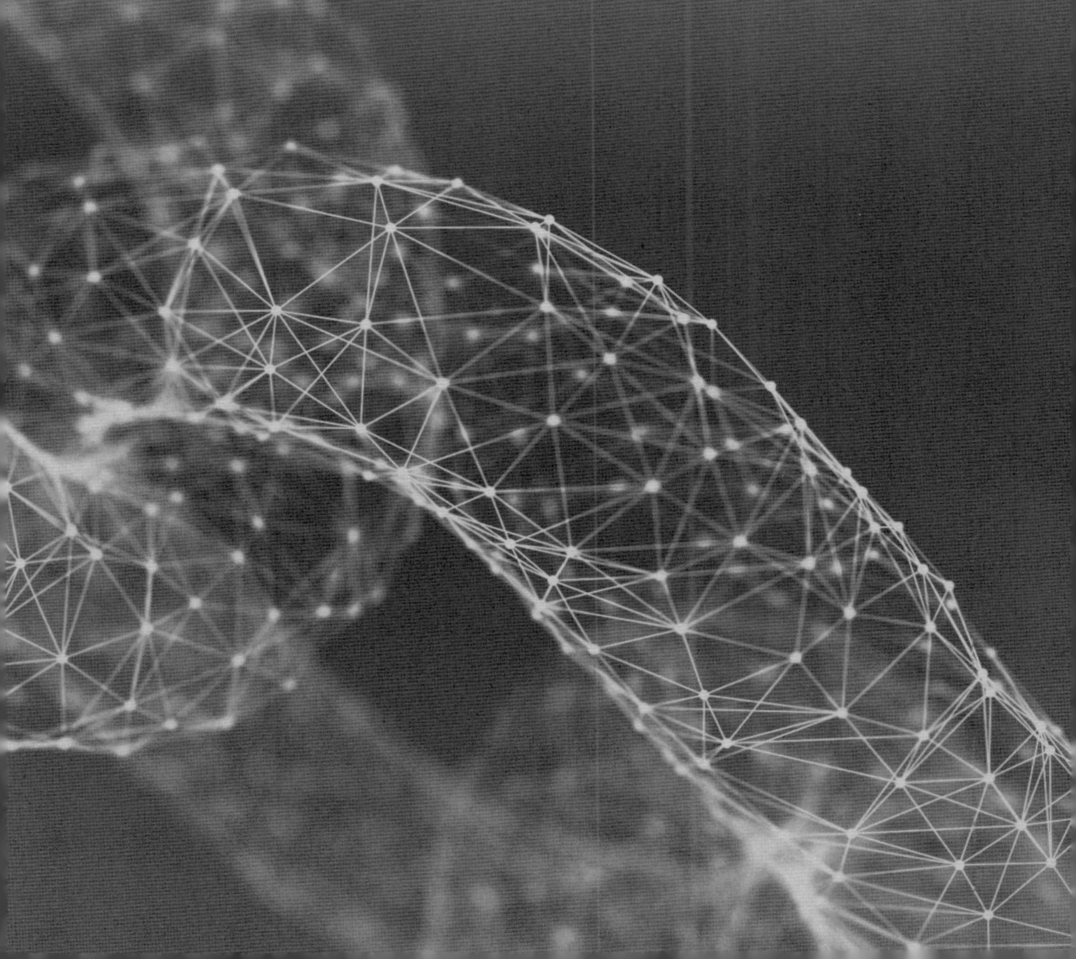

1
블록체인: 신뢰공학의 탄생

아쉽게도 인류는 유사 이래 한 번도 신뢰가 기술적으로 보장되는 사회에 살아본 적이 없다. 개인들 사이의 계약은 계약 당사자의 마음이 바뀌면 언제든지 깨질 수 있었다. 여러 사람들이 합의해서 만든 조직의 규칙 역시 그 규칙을 운영하는 사람들 혹은 그 규칙에 동의하지 않는 사람들이 깨려고 들면 언제든지 깰 수 있었던 상황이다. 국가 관리가 허술한 곳에서는 관공서의 문서를 조작하려면 얼마든지 조작할 수 있다. 할리우드 영화에서는 세계 최강대국인 미국정부의 문서나 개인의 신원 정보가 외부의 해킹이나 혹은 내부자 소행으로 사라지거나 변경되는 일들이 종종 영화의 소재로 사용된다. 비록 영화이지만 비슷한 일들이 현실에서 실제로 발생하지 않는다고 장담할 수 없는 것이 현실이다.

인류가 공동체를 이루어 삶을 영위하면서 공동체 내부의 신뢰를 보장하는 것은 대단히 중요한 문제였다. 그것이 개인 간의 신뢰든 혹은 조직 간의 신뢰든 개인과 조직 사이의 신뢰든, 신뢰가 보장되지 않으면 공동체 자체가 성립될 수 없기 때문이다. 인류가 근 1만 년의 시간 동안 다듬어온 법, 제도, 조직, 규약, 규율, 위계 질서, 관료제, 사법 장치 등은 모두 공동체의 신뢰를 보장하기 위한 방법론으로 탄생한 것들이다. 법, 제도, 조직과 같은 사회적 장치들이 인류 사회에서 차지해온 비중을 생각한다면 신뢰 문제를 해결하기 위해 얼마나 많은 노력을 해왔는지 짐작할 수 있다. 인문사회과학으로 분류되는 여러 학문 분과들의 역사적 사회적 유용성과 필요성을 다시 정의한다면, 그 학문 분과들의 대부분이 사실은 주어진 기술적 환경 위에서 사회의 신뢰를 보장하는 방법론을 탐구하는 학문이었다고 말할 수 있다. 즉 신뢰를 보장할 수 있는 사회적 기술을 분석하고 다듬고 새롭게 창조하는 작업 말이다.

사회를 유지하고 운영하기 위해 인류가 만들어낸 다양한 기술들을 특별히 '물리적 기술Physical technology'에 대비하여 '사회적 기술Social technology'이라 부른다. 사회적 기술은 비록 그것의 작동을 위해 크고 작은 물리적 기술들이 동원되기는 하지만, 결국은 사람들에 의해 운영되어 왔다. 따라서 아무리 잘 짜여진 시스템과 규율이 있다고 하더라도 사회적 기술은 그것을 운영하는 사람들의 철학, 성향, 의도, 목적에 따라 변형되거나 오용될 수밖에 없다. 이런 이유로 사회의 신뢰를 보장하기 위해 만들어진 법과 제도가 바로 그 법과 제도를 운영할 권한을 부여받은 소수 대리자들의 이익을 대변하는 장치로 전용되거나 악용될 가능성이 항존해온 것이다. 그런데 만약 신뢰를 공학적으로 보장하는 방법이 있었다면, 즉 법, 제도, 사회적 약속, 계약의 절대성을 공학적으로 보장할 수 있는 방법이 있었다면 인류 사회는 완전히 다른 궤적을 그리지 않았을까?

블록체인 기술이 등장하기 이전까지 인류가 신뢰를 보장해온 방식은 크게 두 가지로 평판 시스템과 더불어 중앙집중형 위계 조직 Centralized hierarchical organization을 활용하는 것이었다.[121] 평판 시스템은 원시부족과 같은 소규모 커뮤니티나 오프라인 중심의 작은 지인 네트워크 안에서 구성원들 사이의 신뢰를 보장하는 중요한 기제로 작동했다. 평판 시스템은 우리가 일상에서 반복적으로 대면하는 사람들 사이의 신뢰를 유지해주는 중요한 장치로 지금도 여전히 작동하고 있다. 그런데 평판 시스템은 해당 구성원들이 지속적인 상호작용을 통해 서로에 대해 풍부한 정보를 축적하고 있을 때만 작동한다. 그 사람이 누군지, 어떤 경험과 경력을 가지고 있는지, 어떤 성격인지, 잘 하는 것은 무엇이고 못하는 것은 무엇인지, 장점은 무엇이고 단점은 무엇인지 알아야 하기 때문이다. 일반적으로 개인이 다른 개인들에 관한 상세한 정보를 기억하는 것은 한계가 있다. 따라서 평판 시스템은 100명 남짓의 소규모 네트워크에서만 작동한다. 평판 시스템은 커뮤니티의 규모가 조금만 커져도 신뢰 유지 장치로서의 기능이 무력화된다.

같은 이유로, 인류가 수만에서 수십 수백만을 넘어가는 도시 규모의 커뮤니티를 만들어내면서부터 평판 시스템을 대신할 다른 신뢰 유지 장치가 필요해진다. 인류가 대규모 공동체를 만드는 실험들을 반복하면서 반복된 실험과 실패를 거쳐 찾아낸 효과적인 방법이 바

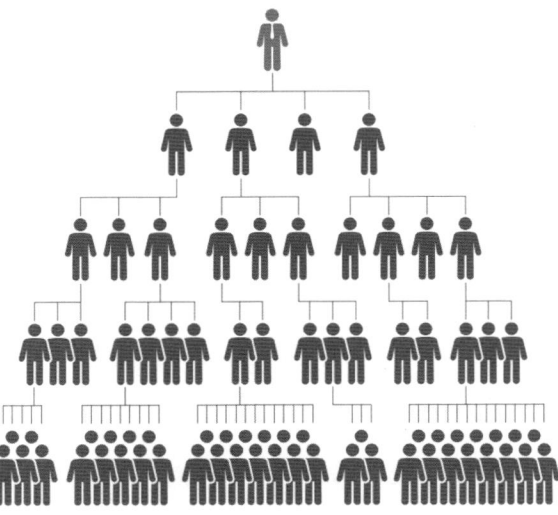

인류 공동체의 크기가 수백 명 단위를 넘어 수천 명, 수만 명으로 확대되면서, 수만 명이 정보를 소통하고 효율적으로 협력하기 위한 방법 중 하나로 위계형 조직이 발달했다. 위계형 조직은 정부 유통과 정보 처리 및 대규모 자원 동원 등에 너무나도 효율적이었다. 그러다 보니 위계형 조직이 수천 년간 인류 사회를 유지하는 지배적인 조직 형태로 존재해온 것이다.

로 위계형 조직Hierarchical organization이다. 할리우드 영화에서 끊임없이 되풀이되는 '왕'의 탄생에 관한 영웅담은 바로 이 위계형 조직으로 사회의 신뢰를 유지하는 틀을 만들고 사회에 안착시킨 개인 혹은 일군의 무리들에 대한 이야기이다. 공동체의 규모가 커지는 것과 거의 동시에 위계형 조직 구조는 인류 사회 전반에 자리잡으면서 사회를 운영하고 사회의 신뢰를 보장하는 핵심적인 사회적 기술로 기능해왔다. 인류의 역사에서 위계조직으로 구성된 중앙화된 권력기관들의 등장과 인류 공동체의 규모가 비약적으로 커지는 과정은 어느 쪽이 먼저라고 하기에도 애매할 정도로 긴밀하게 연결되어 서로를 강화시키는 역할을 했다. 그리고 이 중앙화된 위계조직은 그 내부의 정보 처리 속도와 자원을 활용하는 효율성이 여타의 조직에 비해 월등하게 뛰어났기 때문에 인류 역사 수천 년 동안 지배적인 조직 구조로 군림해왔다.

블록체인 기술은 21세기 인터넷 기술 환경 위에서 등장한 인류의 세 번째 신뢰유지 장치다. 디지털 기술과 네트워크 기술이 결합된 인터넷이 등장하면서 인류는 새로운 전기를 맞았다. 디지털 기술의 등장은 이전에 인류사회에 등장했던 모든 미디어들-입말 언어, 문자 언어, 전화나 TV와 같은 아날로그 통신 미디어-을 디지털이라는 단일 기술로 통합시켰다. 또한 네트워크 기술이 등장하면서 모든 개인들이 서로 실시간으로 커뮤니케이션할 수 있는 기술적 환경이 만들어졌다.[122] 이를 통해 우리가 지금 사용하는 카카오톡이나 텔레그램과 같은 실시간 채팅, 페이스북이나 인스타그램과 같은 SNS, 유튜브와 같은 동영상 공유 서비스 등 글로벌 플랫폼 서비스들이 탄생했고 정보의 무한 복제를 통해 정보 유통 비용의 최소화하며 수십억 명을 동시에 수용할 수 있는 거대 플랫폼 서비스의 성장과 더불어 에스토니아와 같은 혁신적인 전자정부가 등장하는 등 디지털 기술이 도입된 이후 인류 사회가 변화한 모습은 이루 말할 수 없을 정도다. 그래서 인터넷의 등장은 인류 사회가 이전의 사회와 질적으로 다른 단계로 들어서는 또 한 번의 문명 전환이라고 보는 것이 타당하다.

그런데 단 한 가지, 디지털 기술의 가장 중요하고 유용한 특징 중 하나인 '정보의 무한 복제' 때문에 블록체인이라는 아키텍처가 등장하기 전까지는 디지털 환경에서 '가치'를 다루는 것은 쉽지 않았다.

경제적 가치란 그 자체의 고유성과 유일성이 보장되지 않으면 가치가 사라지는데 무한 복제 가능한 디지털 기술은 고유성과 유일성을 파괴하기 때문이다. 예를 들면 디지털 화폐로 내가 1만 원을 친구에게 전달하는 경우, 어떠한 일이 있어도 이전되는 가치는 1만 원이어야 한다. 내가 가지고 있는 1만 원을 영희에게도 보내고 또한 철수에게도 보낼 수 있다면, 즉 이중지불이 가능하다면 그것은 가치를 전달하는 도구로 사용될 수 없다.

블록체인이 풀어낸 문제가 바로 이것이다. 블록체인은 '복제가 불가능한 디지털 자산'을 가능케 하는 방법을 고안해냄으로써 디지털 기술로 '가치'를 다룰 수 있도록 해주었다. 여기서 '가치'란 디지털로 전환하거나 디지털로 표현 가능한, 인류가 가치 있다고 생각하는 모든 것이다. 그래서 블록체인이라 명명된 특수하게 고안된 아키텍처는 비트코인과 같은 디지털 자산만이 아니라 일반적인 인터넷 서비스부터 금융, 경제, 사회적 약속(법), 정부 시스템과 같은 공공 인프라에까지 적용될 수 있다. 그것은 비트코인과 같은 현금성 가치일 수도 있고, 스마트 컨트랙트 코드에 담긴 누군가와의 계약일 수도 있고, 스웨덴에서 구축한 부동산 등기부등본일 수도 있고, 두바이에서 관리하는 개인의 의료정보일 수도 있다. 블록체인은 이 모든 디지털 정보들의 신뢰를 보장함으로써 디지털 기술이 가진 잠재력을 '가치 있는 모든 것을 다룰 수 있는 기술'로 확장시켰다. 그래서 블록체인은 인류가 만들어낸 세 번째 신뢰 유지 장치라고 말할 수 있다.

블록체인을 여러 가지로 정의하지만, 필자가 가장 많이 사용하는 정의는 '역사상 처음으로 신뢰 그 자체를 보장하기 위해 만들어진 기술'이라는 정의다. 블록체인 이전에는 신뢰를 기술적으로 보장하는 방법이 존재하지 않았다. 물론 신뢰를 보장하기 위해 다양한 기술들이 사용되어왔지만, 그것은 신뢰를 깨기에 조금 어려운 정도까지 신뢰를 보장하는 것이었지, 위변조가 거의 불가능할 정도까지 신뢰를 보장하는 것은 아니었다. 그런데 비트코인은 P2P 기술과 암호학과 행동경제학이 결합된 특유의 아키텍처를 통해 위변조가 거의 불가능한 수준으로 디지털 정보의 신뢰를 보장할 수 있는 퍼블릭 블록체인의 첫 번째 아키텍처를 제시했다. 가드타임은 디지털화된 문서나 데이터의 신뢰를 아주 가벼운 방식으로 보장할 수 있는 프라이빗 블록체인 아키텍처 KSI를 개발해서 실제 정부 행정 시스템에 적용했다.

비트코인과 KSI로부터 시작된 신뢰기술의 등장이 의미하는 것은 사회의 신뢰를 기술적으로 그리고 공학적으로 보장하는 방법이 현실 세계에서 실제로 작동한다는 것이다. 그래서 블록체인 기술이 등장하면서 신뢰공학Trust Engineering이란 용어가 생겨났다.[123] 신뢰공학이란 '기술적 공학적 아키텍처로 신뢰 그 자체를 보장하는 방법을 탐구하는 학문 영역'이라고 말할 수 있다. 신뢰를 보장하는 방법이 꼭 비트코인의 방식이 아니어도 꼭 가드타임의 KSI 방식이 아니어도, 신뢰를 보장할 수 있는 다른 기술, 다른 방법론, 다른 아키텍처가 있다면 그것은 신뢰공학의 일부로 불릴 수 있을 것이다. 신뢰공학의 탄생은 인류가 보다 나은 공동체를 만드는 데 하나의 학문적 도약, 공학적 도약이 일어난 사건이라고 볼 수 있다. 미래의 어느 시점에 우리는 인류의 역사를 블록체인 기술 이전과 블록체인 기술 이후, 즉 사회의 신뢰를 기술적으로 공학적으로 보장하는 기술이 없었던 시대와 그 이후의 시대로 나누게 될지도 모른다.

실제로 블록체인이라는 개념이 알려진 이후 기존에 알려진 블록체인 구조과 다른 방식으로 신뢰를 보장하려는 많은 시도들이 진행되고 있다. 블록체인 알고리즘 중에는 지분증명 방식PoS, 위임형 지분증명 방식DPoS, BFT, FBA, 자격증명PoA, 알고랜드Algoland 등 비트코인 블록체인의 한계를 극복하려는 새로운 모델들이 지속적으로 등장하고 있고, 기존 블록체인과는 완전히 다른 아키텍처를 가진 다그DAG, Directed Asynchronous Graph와 같은 새로운 신뢰기술도 등장했다. 네덜란드가 자기주권 신원정보 시스템에 사용한 기술은 다그 구조를 개인별 신분 증명 시스템에 적합하게 응용한 것이다. 최근에는 유수의 대학들이 경쟁적으로 새로운 블록체인 알고리즘 개발에 뛰어들고 있다. 영지식 증명 기술의 권위자이자 '컴퓨터공학계의 노벨상'으로 불리는 튜링상 수상자로 유명한 MIT 공대의 실비오 미칼리Silvio Micali 교수는 '알고랜드'라는 새로운 블록체인 알고리즘을 공개하고, 2018년 10월 6,200만 달러(706억 원) 규모의 투자를 유치한 바 있다.[124] 2019년 1월에는 MIT, 스탠퍼드 및 캘리포니아 대학, 버클리 대학 등을 포함한 세계 유수의 대학 7곳에서 온 연구자들이 DTRDistributed Technologies Research이라는 비영리 연구 기구를 세우고, 새로운 암호화폐 시스템인 '유닛-e'의 출시할 것이라고 밝혔다.[125] 세계 최고의 석학들이 보다 나은 신뢰기술을 개발하기 위한 경쟁에 뛰어들기 시작한 것이다. 신뢰공학의 가치를 기존 제도권 학문들이 인식하기 시작했다는 신호로 봐도 무방할 것이다. 비록 암호화폐 시장은 여러 가지 이유로 긴 침체기를 겪었지만, 신뢰를 보장하는 기술적이고 공학적인 아키텍처가 가능하다는 것이 이미 확인되었다. 따라서 이제는 보다 안전하고 효율적이고 빠른 아키텍처를 찾아내는 경쟁이 시작된 것이다. 더구나 미국을 중심으로 학계에서 최고 수준을 유지하는 연구그룹에서 본격적으로 신뢰공학 영역에 뛰어들고 있다는 것은 결코 간과해서는 안 되는 신호다.

2

프라이빗 블록체인
vs 퍼블릭 블록체인

이 첨단기술 경쟁의 장이 바로 퍼블릭 블록체인 산업이다. 암호화폐로 대변되는 퍼블릭 블록체인 산업에서는 최고의 엔지니어와 학자들이 풍부한 자금 지원을 바탕으로 보다 나은 신뢰기술들을 탐색하고 개발하는 중이다. 당장 지금은 기술이 성숙하기도 전에 먼저 활활 불타버린 시장 탓에 시장이 급격하게 침체되어 버려서 마치 퍼블릭 블록체인 산업이 망한 것처럼 보인다. 그런데 사실 인터넷 산업도 무수한 실험과 도전 그리고 사기와 기만이 만들어낸 모래성 같은 닷컴 버블이 꺼진 이후에야 제대로 된 인터넷 산업 모델들이 등장하기 시작했다. 기술의 역사에서 새로운 기술이 처음 세상에 등장한 이후 열광과 실망과 좌절의 단계를 거쳐 안정적인 궤도로 진입하는 것은 지극히 일반적인 경로다. 퍼블릭 블록체인 산업은 현재 단계의 기술적 한계를 극복한 프로젝트들이 본격적으로 등장하는 시점에 다시 주목받게 될 것이다.

어떤 분들은 암호화폐 없는 블록체인이 가능하다고 주장하지만, 아주 편협한 주장이다. 물론 당연하게도 프라이빗 블록체인이나 컨소시엄 블록체인은 암호화폐 없이 작동한다 특정 회사(들)이나 기관(들)이 시스템 및 네트워크 비용을 지불하고 원하는 용도에 맞게 사용하면 되기 때문이다. 가드타임이 만든 KSI는 애초부터 프라이빗 블록체인 용도로 개발되었다. R3에서 만들고 있는 코르다Corda라는 프로젝트 역시 프라이빗 블록체인으로 개발되었으며, IBM이 주도하는 하이퍼렛저Hyperledger는 주로 컨소시엄 블록체인 용으로 개발되었다.

이처럼 암호화폐 없는 블록체인은 당연하게도! 가능하다. 그런데 문제는 블록체인 기술의 근본적인 혁신이 프라이빗 블록체인 산업을 중심으로 만들어지지는 않는다는 사실이다. 프라이빗 블록체인은 용도가 분명하다. 이들은 블록체인 기술 그 자체의 혁신에 집중하기보다는 이 기술을 기업이나 기관이 사용할 수 있도록 만드는 데 초점을 두고 있다. 즉 퍼블릭 블록체인과 프라이빗 블록체인은 해결해야 하는 문제와 집중하는 영역이 다른 것이다. 더불어 퍼블릭 블록체인 산업이 존재하지 않으면 블록체인 기술은 발전하기 어렵다. 프라이빗 블록체인 산업은 전통적인 컨설팅과 개발 외주System Integration 혹은 솔루션 공급 사업에 가까운 반면에 퍼블릭 블록체인 산업은 완전한 벤처 산업이기 때문이다. 또한 퍼블릭 블록체인 산업에는 풍부한 모험 자금들이 대량 투입되면서 자신만의 기술적 비전을 가진 업계 최고의 엔지니어들이 이 산업으로 뛰어들어 고도의 기술을 안정적으로 개발할 수 있는 환경이 구축되어 있다.

한편 퍼블릭 블록체인에서는 2018년 이후 기존 기술의 한계를 극복한 새로운 아키텍처들이 하나둘씩 등장하고 있다. 기존 블록체인이 가지고 있는 여러 가지 한계들을 근본적으로 돌파하려는 과감한 시도들이 진행되는 것이다. 이에 따라 블록체인의 가장 큰 문제로 이야기되는 처리 속도면에서, 이제는 수천 tps를 상회하는 프로젝트들이 나타나고 있다. 비트코인이나 이더리움은 최초로 만들어진 블록체인 아키텍처인 작업증명 알고리즘에 기반해 있어 처리 속도가 느리고 엄청난 에너지를 소모하는 단점이 있다. 작업증명 방식 이후 만들어진 PBFT, FBA, 위임형 지분증명 방식, 알고랜드 등은 훨씬 적은 에너지를 소모하면서도 훨씬 빠른 처리 성능을 확보했다. PBFT의 대표격인 코스모스Cosmos 프로젝트의 합의 알고리즘 텐더민트Tendermint나 스텔라Stellar 프로젝트의 합의 알고리즘인 FBA는 최고 1,000tps의 성능을 가지고 있다. 위임형 지분증명 방식의 대표격인 이오스는 메인넷에서 3,800tps 이상을 처리할 수 있다. 한국에서 처음으로 ICO를 한 보스 플랫폼은 2018년 11월 바닥부터 완전히 새로 개발한 메인넷에서 5,000tps 이상의 성능을 확인했다. 이처럼 최근 나온 프로젝트들은 성능면에서 이전 블록체인들 대비 수십 배에서 수백 배 넘는 성능을 보여주고 있다. 따라서 이제는 충분히 산업적으로 사용될 수 있는 수준에 이르렀다. 시간이 지나면서 이들 중 어떤 프로젝트들은 성능과 안전성을 증명하면서 블록체인 산업의 가능성을 한층 더 상승시킬 것이다.

또한 테조스, 에이다, 카데나, 보스 플랫폼 프로젝트는 기존의 스마트 컨트랙트보다 안전한 스마트 컨트랙트 개발 환경을 만들고 있다. 안전한 스마트 컨트랙트 개발 환경을 만드는 작업은 그렇게 만만한 작업이 아니다. 그러다 보니 아직 뚜렷한 성과가 나왔다고 말하기에는 이른 감이 있지만 조금씩 진척이 이루어지고 있다. 개념증명 방식 수준을 넘어 안정적인 수준까지 도달하려면 몇 년 정도의 시간이 더 필요할 것으로 보인다. 그 몇 년이 지나고 나면 우리는 기존보다 훨씬 안전한 스마트 컨트랙트를 개발할 툴을 가질 수 있게 될 것이다. 이 외에도 지캐시[126]나 에니그마[127] 프로젝트와 같이 영지식 증명이나 멀티 파티 컴퓨테이션같이 최신 암호학 기술을 적용해서 블록체인 위에서 프라이버시나 기밀 데이터를 다룰 수 있는 기술을 만들려는 프로젝트들도 존재한다. 이렇게 퍼블릭 블록체인에서는 기존의 전통적인 회사 조직에서 도전하기 쉽지 않은, 혁신적이고 실험적인 방법으로 블록체인 원천 기술을 확보하려는 노력들이 과감하게 시도되고 있다.

이렇게 퍼블릭 블록체인 영역에서 과감한 도전을 통해 만들어진 연구 성과, 원천 기술, 그리고 이러한 기술을 개발한 경험들이 프라이빗 블록체인에 활용된다. 아이러니하게도 프라이빗 블록체인 개발에 가장 많이 사용되는 것은 비트코인과 함께 퍼블릭 블록체인 산업의 대표주자로 꼽히는 이더리움이다. 이더리움은 스마트 컨트랙트를 개발하고 작동시킬 수 있는 스마트 컨트랙트 플랫폼을 가지고 있기 때문에 암호화폐 기능을 걷어내고 즉시 프라이빗 블록체인으로 사용할 수 있다. 대부분의 다른 퍼블릭 블록체인들도 프로젝트 목적에 적합하다면 바로 프라이빗 블록체인으로 사용될 수 있다. 예컨대 이오스는 3,800tps가 넘는 속도에 21대의 노드만 운영해도 되는 비교적 간단한 노드 운영 구조와 더불어 스마트 컨트랙트 개발 환경도 갖춰져 있기 때문에 최근 프라이빗 블록체인으로 활용되기 시작했다. 3,800tps는 애초부터 프라이빗 블록체인으로 개발된 코르다나 하이퍼렛저보다 훨씬 더 빠른 속도다. 이렇듯 과감한 도전으로 만들어진 퍼블릭 블록체인 기술들은 프라이빗 블록체인 프로젝트들에 여러 가지 방법으로 활용되고 있다.

블록체인 기술이 수학과 암호학과 전산학과 네트워크 기술과 경제적 인센티브 모델이 결합된 복잡한 메커니즘임에도 불구하고 처리 속도면에서 이렇게 빠른 개선이 이루어졌다. 풍부한 자금을 바탕으로 최고의 연구자들과 최고의 엔지니어들이 글로벌 경쟁에 뛰어들었기 때문이다. 이들이 이렇게 뛰어드는 건 경제적 보상이 충분하기 때문이기도 하지만, ICO로 대표되는 퍼블릭 블록체인 문화는 개발자들에게 자신의 기술적 상상력을 마음껏 펼칠 수 있는 환경을 제공하기 때문이기도 하다. 따라서 한편으로 퍼블릭 블록체인 산업은 다단계와 사기로 점철된 지저분한 시장이기도 하지만, 또한 진지한 개발자들에게는 풍부한 자금을 바탕으로 과감하게 자신의 기술적 비전에 도전해볼 수 있는 기회의 공간이기도 하다.

만약 정부가 암호화폐를 두려워하여 지속적으로 퍼블릭 블록체인 산업을 억제한다면 한국은 블록체인 원천기술이 없이 다른 나라에서 만들어진 알고리즘들을 가져다 쓸 수밖에 없다. 물론 블록체인 프로젝트 자체가 글로벌로 진행되고 있고 99%의 개발 결과물들이 오픈소스로 무료로 공유되기 때문에 이미 잘 만들어진 기술을 가져다가 활용하고 응용하는 것은 얼마든지 장려해야 할 일이다. 하지만 원천기술을 다룰 수 있는 실력과 이미 만들어진 것을 가져다가 변형해서 사용하는 정도의 실력 사이에는 엄청난 간극이 존재한다. 원천기술을 다룰 줄 아는 엔지니어 층이 존재하는 것과 존재하지 않는 것은 장기적으로 우리 스스로 우리에게 필요한 기술을 개발할 수 있느냐 아니냐 하는 문제와 직결된다.

특히 지금과 같이 블록체인 기술이 프로토타입 단계에 있을 때는 원천기술의 중요성이 크게 부각되지 않는다. 이미 존재하는 어느 정도 완성된 소스를 기반으로 웬만한 것들은 다 만들 수 있기 때문이다. 그러나 블록체인 기술이 실제 산업이나 비즈니스에 적용될 경우 상황이 달라진다. 블록체인도 소프트웨어이기 때문에 지속적인 유지보수와 관리, 기능 개선, 보안 강화 작업이 필수적이다. 그리고 통상 잘 작동하던 소프트웨어도 사용자가 늘어나고 트래픽이 늘어나기 시작하면 이전에는 경험하거나 예측할 수 없었던 새로운 문제들이 발생된다. 이 단계에서 발생된 문제에 대처하기 위해서는 경우에 따라서 블록체인의 핵심인 컨센서스 알고리즘 수준까지 수정해야 하는 경우도 생긴다. 특히 블록체인의 처리 속도는 컨센서스 알고리즘의 성능과 직결되어 있다. 만약 서비스가 성공해서 사용자가 늘어나고 트래픽이 늘어나게 되면 컨센서스 알고리즘 수준에서 개선을 해야 한다. 그런데 컨센서스 알고리즘을 만지려면 소스를 바닥까지 알고 있는 엔지니어가 있어야 한다. 그렇지 않다면, 엄청난 설비 자금을 들여 공장에 장비를 설치했는데 장비가 고장나도 고칠 사람도 없어 못 쓰게 되는 상황과 비슷한 상황이 벌어질 수밖에 없다. 이것은 이더리움에서 잠깐 성공했던 크립토 키티에서 우리가 경험했던 사실이다. 서비스가 성공 조짐을 보이자마자 이더리움 블록체인 성능의 한계로 서비스 자체가 벽에 부딪히고 만 것이다. 각각의 블록체인들은 처리할 수 있는 처리 용량의 한계가 명확하기에, 크립토 키티와 같은 일들은 블록체인 기반의 서비스나 비즈니스가 성공하는 순간에 언제든지 발생할 수 있는 일이다.

특히 블록체인의 컨센서스 알고리즘 자체는 현재 그것을 개발할 수 있는 수준의 실력을 가진 팀이 전세계에서 20여 개에 불과할 정도로 난이도 있는 작업이기에 개발 좀 잘한다는 엔지니어를 투입한다고 해결되지 않는다. 결국은 해당 소스를 바닥까지 알고 있는 엔지니어를 보유하고 있느냐 아니냐가 어떤 블록체인을 산업과 실제 비즈니스에 쓸 수 있는지 없는지를 결정하게 된다. 그리고 이 문제들은 프로토타입 단계에서 걸러지지 않고 실제 산업과 비즈니스에 적용되었을 때 나타난다. 결국 사전에 고려하고 사전에 준비하는 수밖에 없다. 블록체인 기술이 이제 막 시작된 초기 기술이고, 앞으로 더 많고 더 다양한 방식으로 신뢰를 보장할 수 있는 기술과 공학을 만들어가야 하는 상황을 고려한다면, 원천기술을 확보하고 원천기술을 개발할 수 있는 실력과 경험을 가진 인력풀을 축적하는 것은 미래를 위해 필수적이다.

원천기술 확보는 어느 기술 산업에서나 중요하고 필수적인 요구사항이다. 퍼블릭 블록체인이라고 예외가 되지는 않는다. 더구나 한국과 같이 외주개발SI, System integration 프로젝트가 과감한 기술적 도전 없이 마감 날짜를 중심으로 빡빡하게 돌아가는 환경에서는 더더욱 원천 기술 축적을 기대하기 어렵다. 또한 그 외주개발도 하청에 재하청에 재재하청까지 내려가서 결국은 누가 개발된 결과물에 대해 책임을 져야 하는지도 모호해지는 일이 비일비재한 산업 환경에서는 더더욱 기대할 수 없는 일이다.

이미 우리는 인터넷 산업 전반과 금융 시스템 전체가 토큰화되는 시대에 들어서고 있다. 텔레그램, 라인, 카카오톡, 왓차, 비트토렌트BitTorrent 등 거대 인터넷 사업자들이 이미 토큰 산업에 뛰어들었고 페이스북과 같이 10억 명 이상의 사용자를 가진 서비스들이 속속 토큰 이코노미로 뛰어들고 있다. 텔레그램은 2019년 3월 자체 개발한 블록체인 플랫폼 위에서 톤TON이라는 토큰을 배포할 것으로 예정되어 있고,[128] 비트토렌트는 2019년 1월 29일 트론Tron 기반으로 자체 토큰 BTT를 발행했으며,[129] 페이스북 또한 인도를 대상으로 스테이블 코인(법정화폐에 가치를 고정시킨 암호화폐)을 발행하면서[130] 암호화폐 시장에 본격적으로 뛰어들 것으로 예상되고 있다. 심지어 기존 금융 산업의 상징 중 하나인 미국 은행 JP모건은 2019년 2월 14일 자체 암호화폐를 발행했다.[131] 코인의 이름은 JPM코인으로 미국 달러화와 1대 1의 교환 가치를 지닌 기관 투자자용 스테이블 코인이다. 스타벅스와 아마존도 슬슬 암호화폐 산업에 뛰어들 후보로 거론되고 있다. 이처럼 시장이 침체된 상황에서도 과감한 행보들이 계속되고 있기 때문에 조만간 새로운 기술적 모멘텀과 사용성을 만들어내는 프로젝트들이 등장할 것이다.

한편 주식, 부동산, 유명한 화가의 명화, 슈퍼카, 저작권, 특허권 등 기존에 종이로 관리되던 자산들도 STOSecurity Token Offering라는 메커니즘으로 토큰화되기 시작했다. 미국의 거대 증권거래소 나스닥과

뉴욕증권거래소는 각각 백트Bakkt와 에리스엑스ErisX라는 토큰 거래소를 설립하면서 토큰 이코노미 선점을 위한 경쟁을 시작했다. 여기서 거래될 상당수의 토큰들은 퍼블릭 블록체인에 기반한 것들이다. 미국은 강하게 규제하는 듯하면서도 사실은 퍼블릭 블록체인 산업을 제도권으로 끌어들이기 위한 작업들을 차근차근 진행하고 있다.

2019년 초 기준 시장의 상황만 놓고 보자면 퍼블릭 블록체인 산업은 거의 사양산업에 다다른 것처럼 보일 것이다. 그러나 수면 밑에선 치열한 모색들이 진행되고 있으며 2018년을 기점으로 새로운 결과물들이 하나둘씩 나타나고 있다. 기술적으로 그리고 비즈니스적으로 의미 있는 돌파 지점이 나올 때면 침체했던 시장도 자연스럽게 합리적인 수준으로 회복될 것이다. 여기에 미국이나 유럽이 이 산업을 제도권으로 끌어들이기 시작하는 순간 이 산업은 다시 한 번 시장의 주목을 받게 될 것이다.

따라서 퍼블릭 블록체인과 프라이빗 블록체인을 분리하여 어느 한 쪽만 키우겠다거나 암호화폐는 억제하고 암호화폐 없는 블록체인만을 육성하겠다는 것은 장기적으로 소프트웨어 산업의 경쟁력을 떨어뜨리고 미래 산업 전체의 활력을 떨어뜨릴 수밖에 없다. 프라이빗 블록체인 산업에서는 블록체인 기술을 행정 시스템 곳곳에 적용하는 실험들이 진행되어야 하고, 퍼블릭 블록체인 산업에서는 최고의 연구자들과 최고의 엔지니어들이 모여 보다 나은 신뢰공학을 만들기 위해 도전할 수 있어야 한다. 또한 경제와 금융 영역에서는 토큰 이코노미를 탐색하고 실험하며 새로운 산업을 안착시킬 준비를 해야 한다.

더불어 우리는 아직 공공 영역에 적용되는 블록체인 구조가 프라이빗 블록체인 중심으로 갈지 퍼블릭 블록체인 중심으로 갈지 아직 모른다. 3장에서 살펴보았듯이 일부 공공 서비스들은 암호화폐 없는 퍼블릭 블록체인으로 구현될 가능성도 배제할 수 없다. 만약 환경이 이렇게 바뀐다면, 이 구조에서는 프라이빗 블록체인 기술이나 프라이빗 블록체인을 운영해본 경험은 큰 도움이 되지 않는다. 사실 프라이빗 블록체인을 관리하는 것은 중앙 서버 관리와 크게 다르지 않다. 이에 반해 퍼블릭 블록체인은 프라이빗 블록체인과 달리 노드에 대한 소유나 관리 권한 등이 분산되어 있다. 퍼블릭 블록체인 운영은 프라이빗 블록체인 운영 경험으로 대처할 수 없다. 또한 퍼블릭 블록체인을 살짝 수정하여 프라이빗 블록체인에 사용할 수는 있어도 프라이빗 블록체인을 살짝 수정하여 퍼블릭 블록체인에 사용하기는 결코 쉽지 않다. 따라서 모든 가능성을 열어두고 광범위하게 탐색하면서 보다 나은 방법을 찾아가는 것이 중요하다. 산업의 초기부터 '이건 맞고 저건 틀리다.' 하는 방식으로 예단하며 접근하는 것은 우리 미래의 가능성을 미리부터 제한하는 것이다.

3
신뢰: 새로운 문명의 인프라

이렇게 기술적으로 조금씩 진도가 나가고, 그것이 퍼블릭 블록체인이든 프라이빗 블록체인이든 어딘가에 하나씩 블록체인 인프라가 깔리기 시작하면, 아마도 10년쯤 후에 우리는 신뢰공학이 사회의 신뢰를 보장하는 새로운 사회, 새로운 문명 단계에 진입하게 될 것이다. 즉 적어도 한 번 합의되어 시스템에 저장된 것이라면 그 합의가 깨지거나 이행되지 않을까 염려하지 않아도 되는 그런 사회 말이다. 이 책에 수록한 유럽의 소식들이 바로 공공 영역에서부터 시작되는 이러한 변화의 현장들이다. 현재까지의 진도로 보자면 아마도 유럽은 지구상에서 가장 먼저 사회의 신뢰를 기술적으로 공학적으로 보장하는 새로운 사회 인프라를 갖게 될 것으로 보인다.

정부와 블록체인은 찰떡궁합이다. 필자의 전작인『블록체인 거버먼트』에서도 다음과 같이 분석한 바 있다. 첫 번째, 정부는 일반적으로 관료제에 의해 작동하는데 관료들이 하는 일들은 정보를 처리하고 순환시키는 일이다. 즉 관료제는 특정한 공동체의 존속을 위해 필요한 공공정보를 처리하는 정보처리 기계라고 정의할 수 있다. 블록체인 역시 정보처리 기계다. 이 둘은 모두 정보처리 기계라는 공통점을 가지고 있다.

두 번째, 정부의 존립 근거는 법에 의거하며 정부의 업무 수행 방법은 규칙으로 정해져 있다. 사실 정부 그 자체가 일련의 규칙들로 정의되어 있기에 정부란 공동체가 해당 공동체를 운영하기 위해 합의한 일련의 규칙들의 묶음이라고 볼 수도 있다. 소프트웨어 역시 일련의 규칙들의 묶음이다. A 다음에는 B를 실행하라거나 C에 5란 값이 들어오면 D에 5배를 곱하라는 로직과 같이 소프트웨어는 그 자체가 일련의 규칙들의 연속으로 구성되어 있다. 블록체인은 소프트웨어다. 블록체인은 그 안에 저장된 데이터 및 블록체인을 작동시키는 소프트웨어 자체가 위변조되지 않도록 특별한 구조로 설계된 소프트웨어다. 따라서 정부와 블록체인은 둘 다 일련의 규칙들의 묶음이라는 공통점을 갖는다.

세 번째, 정부와 블록체인은 둘 다 신뢰를 담지하는 역할을 맡고 있다. 정부는 종종 그 기능이 애초 정의된 목적과 다르게 실행되거나 혹은 정부 스스로 공동체의 신뢰를 해치는 방식으로 작동하는 경우가 많다. 그러다 보니 많은 사람들로부터 비판과 비난을 듣는 대표적인 조직 중 하나다. 그렇지만 정부의 본질적인 존재 목적, 필요성, 사회적 유용성은 공동체의 신뢰를 지키는 것이다. 역사적으로 정부는 사회의 신뢰를 보장하기 위해 만들어진 조직이다. 하지만 스스로의 신뢰를 완벽하게 보장할 수 있는 기술이 없었기 때문에 종종 정부 스스로 신뢰를 벗어나거나 혹은 신뢰를 해치는 기제로 작동할 여지가 존재했고, 실제로도 그렇게 삐그덕거리며 작동해왔다. 블록체인은 그리고 보다 넓게 신뢰공학은 기술적으로 공학적으로 신뢰 그 자체를 보장하기 위해 만들어진 것이다. 따라서 정부의 원래 존재 목적을 실현하고 구현하는 데 있어서 블록체인 기술이 신뢰를 보장하는 보완재로 적극적으로 사용되는 것은 논리적으로 지극히 타당하다.

유럽 대륙을 포함한 각국 정부들이 블록체인 기술에 주목한 것은 바로 이런 이유이다. 블록체인 기술은 미리 정의된 규약(프로토콜)대로 작동하도록 강제함으로써, 정부라는 조직 자체가 애초의 목적인 사회의 신뢰 유지 장치로 작동하도록 보장해주기 때문이다. 특히 21세기에 이르러 정부가 관리하는 행정 데이터들이 거의 대부분 디지털 정보로 변환되는 상황에서 디지털 데이터들의 무결성을 보장하지 않으면 행정 시스템 자체가 무너질 가능성이 있다. 이미 우리는 디지털 데이터에 대한 공격으로 정부 시스템 자체가 중지된 사례를 2007년의 에스토니아에서 확인한 바 있다. 따라서 우리는 공공 영역에서 블록체인의 도입은 필연적이라고 말할 수 있다. 이에 더하여 모든 노드들이 데이터를 실시간으로 공유하는 블록체인 아키텍처는 정부 시스템에 강력한 신뢰를 제공하는 것 말고도 또 다른 가치를 제공한다.

첫 번째, 유관 기관 및 관계자들 사이에 정보가 실시간으로 공유됨으로써 행정 처리 속도가 비약적으로 상승한다. 예를 들어 네덜란드 산모 지원 관리 시스템은 산모 지원 노동 비용을 받기까지 30일 이상 걸렸지만 이것을 익일 수령으로 바꾸어놓았다. 단순 환산으로 화폐 순환 속도가 최소 30배 이상 빨라진 것이다. 이것이 가능한 이유는 블록체인을 통해 산모와 산모 도우미와 관공서와 보험사 사이에서 데이터가 실시간으로 공유되기 때문이다. 2017년 1월 4조 위안 규모의 자산관리를 맡고 있는 중국의 우편저축은행PSBC은 블록체인 기반 자산관리 시스템을 출시한 바 있다.[132] 기존에 자산평가 시스템에서는 통상 자산 평가사로부터 평가된 데이터가 이메일이나 팩스 등으로 은행, 보험사, 대출 기관으로 전달되었는데 짧게는 수 시간에서 길게는 몇 주 정도의 시간 차가 발생하는 것이 일반적이다. 그런데 그 사이에 자산가치 변동, 임의의 자산 이동, 그리고 평가 정보가 공유되는 시간 차를 이용한 의도적인 사기 같은 일들이 발생했다. 그런데 블록체인 기반 자산관리 시스템은 은행, 자산 평가사, 보험사, 관련 기관 등이 자산 평가 데이터를 실시간으로 공유함으로써 이런 위험을 근본적으로 차단했다. 모든 노드들이 동일한 데이터를 저장하고 끊임없이 동기화하는 블록체인 아키텍처 자체가 데이터의 실시간 공유를 가능하게 하여 처리 과정의 시간 차에서 발생하는 자산 가치의 변동 가능성과 의도적인 데이터 위변조 가능성 등을 획기적으로 줄인 것이다.

두 번째, 블록체인 기술의 도입으로 정부 행정 데이터 처리의 자동화가 가속화될 것이다. 사실 데이터의 자동 처리는 블록체인이 제공하는 새로운 기능은 아니다. 에스토니아의 운전면허 갱신 과정 자동화에서 볼 수 있듯이 이미 현재의 전자정부에서도 일부 행정 데이터들은 조건에 따라 자동으로 처리되고 있다. 그러나 블록체인 기술이 도입되면서 훨씬 빠른 속도로 자동화가 진행될 것이다. 특히 블록체인 위에서 프로그램을 구현하는 스마트 컨트랙트는 그 기본 구조가 'A라는 조건을 만족하면 B라는 약속을 실행하라'는 형식으로 되어 있다. 예를 들면 스웨덴에서 만든 블록체인 기반 부동산 관리 시스템은 '잔금 입금이 완료되면 부동산 등기 정보를 변경하여 소유권을 이전하라'와 같은 방식으로 작동한다. 또한 2018년 12월 중국에서는 알리바바가 만든 블록체인 연동 보험 시스템에서 5초 만에 보험금을 지급한 첫 사례가 만들어졌다.[133] 사전에 정의된 조건이 만족되면 이에 연결된 후속 프로세스를 자동으로 처리하기 때문이다. 따라서 정부 행정 시스템에 블록체인 기술을 도입하는 것 자체가 동시에 행정 처리 자동화 작업이기도 하다.

세 번째, 행정 처리가 자동화되기 때문에 공공 영역의 효율성이 비약적으로 증대된다. 에스토니아의 사례에서 볼 수 있듯이 기존에 며칠에서 몇 달 걸리던 공공 행정의 처리 속도는 거의 실시간에 가깝게 변화될 것이다. 공공 행정들이 실시간 처리로 변화되면 사회의 효율성은 이전과 비교할 수 없을 정도로 높아질 것이다.

블록체인은 행정 시스템 및 행정 데이터 자체가 해킹되지 않도록 보장함으로써 사전에 합의된 계약 혹은 사회적으로 합의된 규약(프로토콜)이 반드시 실행될 수 있도록 해준다. 정부 시스템의 존재 이유가 특정 공동체가 존립하고 지속하도록 하기 위한 공공 인프라라고 본다면, 블록체인은 해당 인프라에 이전과 비교할 수 없는 수준의 안전성을 부여함으로써 사회에 '신뢰Trust'라는 새로운 인프라 계층Layer을 제공하게 될 것이다. 또한 이전과 비교할 수 없는 수준의 행정 효율성을 제공함으로써 사회가 훨씬 효율적으로 작동할 수 있는 기술적 기반을 제공하게 될 것이다.

4
신뢰 공학 이후의 사회

　블록체인 혹은 신뢰기술이 만들어낼 미래의 사회는 어떤 모습일까? 신뢰가 기술적으로 보장되는 사회란 어떤 사회일까? 인류가 현재와 같은 법, 제도, 조직, 규약, 규율, 위계 질서, 관료제, 사법 장치 등 사회의 신뢰를 보장하기 위해 들인 실험, 노력, 실패와 성공의 경험 등을 감안한다면 신뢰를 더 이상 의심하지 않아도 되는trustless 사회의 모습은 당연하게도 지금과 엄청나게 다를 것이다.

　물론 블록체인 기술 혹은 더 넓은 시각에서 신뢰공학이 발전한다고 인류가 신뢰를 보장하기 위한 노력을 하지 않아도 되는 것은 아니다. 블록체인은 사회적 기술과 물리적 기술이 결합되어 있는 복잡한 공학적 산물이다. 동시에 개인들이 참여하지 않으면 작동하지 않는 재미있는 기술이다.[134] 따라서 블록체인 혹은 보다 나은 신뢰 공학을 개발하고 보다 효과적으로 운영하기 위한 노력은 결코 게을리할 수 없다. 또한 마치 지금 퍼블릭 블록체인 네트워크를 작동시키기 위해 개인들이 노드 운영에 참여하는 것처럼 그 기술을 작동시키기 위해 다수의 개인들이 참여해서 해당 기술이 문제없이 작동하도록 끊임없이 관리해야 한다.

이와 더불어 통상 '오라클 문제Oracle problem'라고 불리는 블록체인 외부에 존재하는 데이터의 무결성을 확보하는 것 역시 해결해야 할 문제다. 블록체인 외부에서 만들어진 데이터들은 블록체인이 신뢰를 보장할 수 없다. 예를 들어 값비싼 농수산물의 원산지 정보를 블록체인에 저장했는데 애초 원산지 정보 자체가 조작된 정보였다면 블록체인을 사용한 것이 무의미해진다. 아니, 오히려 사람들은 블록체인에 저장된 조작된 원산지 정보를 믿고 구매할 것이기에 사회적으로 더 큰 신뢰 위기를 만들어낼 수도 있다. 사물인터넷 기기의 이상 작동으로 사물인터넷 기기에서 전달된 값 자체에 오류가 있는 경우 역시 블록체인으로 신뢰를 보장할 수 없는 사례다. 따라서 블록체인 외부에 존재하는 데이터의 신뢰성을 어떻게 확보할 것인가, 즉 블록체인 시대에 걸맞는 TTP(신뢰할 수 있는 제3자)를 어떻게 정립할 것인가 하는 문제가 새로운 도전 과제로 제기되고 있다. 예를 들어 원산지 정보 그 자체가 왜곡되지 않도록 하는 것, 사물인터넷 기기에서 만들어내는 측정 데이터의 무결성을 확보하는 것, 병원에서 의사가 병명을 의도적으로 왜곡하지 않도록 하는 것 등은 블록체인 기술과는 별도로 다른 방법들을 동원해 데이터의 무결성을 확보해야 한다. 블록체인 이전에는 사회가 확보할 수 있는 신뢰의 수준이 비슷했기 때문에, 즉 사회 전반적으로 비슷한 수준으로 데이터가 왜곡되거나 오류가 발생할 가능성을 가지고 있었기 때문에 사회 전반적으로 아주 높은 수준의 신뢰를 요구하지 않았다. 그런데 블록체인 기술이 도입되면서 블록체인에 저장될 데이터 원본 그 자체의 신뢰성을 블록체인만큼이나 높은 수준으로 보장해야 하는 새로운 과제로 제기되고 있는 것이다.

아마도 이 문제들 상당 부분은 시간이 해결해줄 것이다. 인류가 기술적으로 신뢰를 보장하는 것이 가능하고, 신뢰를 보장해야 하는 영역에 따라 적용해야 하는 방법론들이 다르다는 사실을 서서히 인지하고 있으며, 이를 위한 연구와 개발 작업을 시작하고 있기 때문이다. 이러한 과정을 거쳐 블록체인 기술이 점차 고도화되고, 블록체인 외부 데이터들의 신뢰성을 높이는 방법론들이 개발되어 어느 정도 사회에 자리잡게 될 것이다. 그렇게 되면 우리는 미래의 어느 시점에 꽤 안정적이고 쓸 만한 신뢰 인프라를 확보하게 될 것이다. 그렇다면 근미래 시점에 사회의 신뢰를 보장하는 안정적인 기술적 인프라가 확보되어 사회의 신뢰를 유지하기 위해 사회가 이전보다 훨씬 적은 자원을 투입해도 된다고 가정할 때 인류는 그리고 정부는 어떤 부분에 더 큰 힘을 쏟아야 할까?

신뢰가 필요한 대표적인 경우 혹은 신뢰가 가장 크게 문제되는 경우는 아마도 약속, 서약, 계약을 이행하기 위해 무엇인가를 실행해야 하는 시점일 것이다. 예를 들자면 친구에게 빌린 돈을 언제까지 갚겠다는 구두 약속, 은행에서 금전을 빌리고 작성한 대출 계약, 개인이 회사에서 일하고 대가로 받기로 한 임금 계약, 사전에 정의된 조건에 부합하는 국민들에게 정부가 지급하기로 약속한 각종 연금 계약, 자동차 사고를 당했을 때 지급되어야 할 보험 계약 등에서 신뢰가 문제가 되는 시점은 바로 계약된 내용이 실행되어 계약이 완료(청산)되는 시점이다(이 모든 약속, 서약, 계약 등은 '계약'의 성격을 가지고 있기에 이를 통칭해 '계약'으로 부르기로 하자). 그것이 어떤 종류의 것이든 계약은 계약 완료 시점에 계약된 내용이 실행되어야 한다. 빌린 돈과 이자가 지급되어야 하고, 월급날에는 급여가 지급되어야 하고, 연금도 정해진 날짜에 따박따박 들어와야 하며, 사고가 생겼을 때는 그에 상응하는 보험료가 지급되어야 한다. 그러나 우리가 사회생활을 하면서 무수하게 반복적으로 경험하듯이 그 약속은 종종 지켜지지 않는다. 계약을 종료(청산)하는 시점이 되면 계약이 파기되거나 불이행되는 일들이 비일비재하게 생긴다.

이 패턴을 살펴보면 계약을 맺을 때보다 계약을 완료할 때 더 큰 신뢰가 필요하다는 사실을 확인할 수 있다. 즉 계약 체결은 상대적으로 쉬운 반면 계약 청산은 훨씬 어렵다. 따라서 계약을 둘러싼 분쟁을 최소화하려면 계약 시점에 계약 불이행에 대한 책임 소지, 보상, 처벌 등에 대해 면밀하게 정의해야 한다. 예컨대 정부 프로젝트에 입찰해서 계약을 진행하려면 '이행보증보험'과 같은 것을 제출해야 한다. 이것의 목적은 계약의 체결 자체를 위해서라기보다는 계약이 청산이 안 되었을 때를 대비한 보험이다. 즉 신뢰가 지켜지지 않았을 때를 대비한 장치다. 이처럼 기존에 만들어진 사회 장치들은 계약의 '체결'보다 계약의 '청산'을 보장하는 데 훨씬 더 많이 비중을 두고 있다. 다시 말하면 사회 전체적으로 계약을 맺는 것보다 계약을 청산하는 쪽에 엄청난 자원이 투입되는 구조를 가지고 있는 것이다. 기존의 사회적 기술로는 한 번 맺어진 계약이 강제로 실행되도록 보장할 방법이 없었기 때문이다.

신뢰기술이 사회의 인프라로 작동하는 순간부터는 사정이 달라진다. 계약의 내용과 위반 시의 벌칙 조항들이 잘 정의되어 있다면, 대부분의 계약은 자동 청산될 것이기 때문이다. 사실 블록체인 기반의 스마트 컨트랙트는 결국 계약의 자동청산 시스템이라고 볼 수도 있다. 따라서 계약이 실행될 것인가 아닌가에 대해서 크게 걱정할 필요가 없다. 예컨대 스웨덴의 부동산 자동 거래 시스템이 보여주듯이 '부동산 구매 대금이 입금 완료되면 소유권을 넘긴다'와 같은 형식의 계약은 아주 쉽게 자동청산될 수 있다. 즉 현존하는 계약의 상당 부분이 자동 청산되는 계약의 범주에 들어갈 것이다. 따라서 사회가 계약의 청산을 위해 들여왔던 엄청난 노력들은 상당 부분 경감되게 될 것이다. 물론 모든 계약이 자동으로 청산되지는 않는다. 예를 들어 납품된 품목이 계약을 만족하는지에 대해서는 사람이 판단하고 결정해야 하기 때문에 청산 전에 사람이 확인하는 과정이 필요하다. 이 과정에서 분쟁이 일어나면서 계약이 자동청산되지 않을 수도 있다. 그러나 계약 시점에 계약 청산에 대한 조건이 잘 정의된다면 상당히 많은 계약들이 자동청산될 수 있을 것이다.

바로 이 지점에서 이전 계약 구조에서는 부차적인 문제로 취급되었던, 다른 종류의 문제에 직면하게 된다. 그것은 한 번 합의되어 블록체인에 저장된 계약은 그것이 불합리하거나 잘못 맺어진 계약이더라도 그대로 실행된다는 점이다. 더불어 블록체인에 저장된 계약을 변경하는 것이 쉽지 않기 때문에 애초부터 계약에 빈틈이 없도록 잘 설계하는 것이 가장 좋은 방법이다. 그런데 빈틈 없이 완결된 계약을 만들어내는 것은 생각보다 쉽지 않다. 그것은 계약의 구체적인 조건들, 계약 이행 방법, 계약 조건 불이행에 대한 보상 방법 등이 사전에 빈틈없이 잘 정의되어야 하기 때문이다. 또한 계약 체결에 이르는 합의 과정도 어느 정도 공정해야 한다. 불공정한 상태에서 계약이 맺어지고 블록체인에 의해서 자동 청산되는 과정이 반복되면 이것 자체가 사회 문제로 대두될 수 있기 때문이다. 따라서 공정한 계약을 어떻게 만들 것인가, 어떻게 계약 실행의 이슈가 최소화되는 방식으로 합의에 이룰 수 있을 것인가 하는 문제가 대두된다. 계약의 실행이 기술적으로 보장되어 있다고 전제한다면 계약이 실행되었을 때 발생할 문제들을 사전 점검하는 쪽으로 더 많은 관심이 집중될 수밖에 없고 마땅히 더 많은 자원과 노력을 배분해야 한다.

따라서 우리는 계약을 잘 맺는 방법, 계약이 만들어낼 수 있는 문제를 사전 점검하는 과정, 공정한 방식으로 합의를 도출해내는 문화 등을 잘 구축하는 쪽에 더 많은 자원을 투입하게 될 것이다. 즉 우리는 계약을 실행하는 것보다 계약을 체결하기 위해 고민하고 협상하고 합의하는 과정에 더 많은 시간과 자원을 투입하는 사회, 판단하고 의사결정하는 데 훨씬 더 많은 시간과 자원을 투여하는 사회로 나아가게 될 것이다. 이것은 개인 간의 사적인 계약에만 해당되는 것이 아니다. 공공 영역에서 국가 예산 등의 공공재를 배분할 때에도, 사회적으로 한 번 합의되어 블록체인에 저장된 사항들은 소프트웨어 코드에 법으로 정의되어 합의된 그대로 자동 실행될 것이기에 보다 정교하고 장기적인 관점에서 보다 공정하고 합리적인 합의를 도출해내는 데 많은 시간과 노력을 들이는 사회로 나아가게 될 것이다.

4차 산업혁명 시대에 이르러 기계적이고 반복적인 노동, 정형화되고 반복적인 계산, 무작위인 것처럼 보이지만 패턴화될 수 있는 집합적인 움직임, 사전에 조건이 정의된 계약의 실행 등은 모두 기계가 알아서 처리할 수 있는 사회로 이행하고 있다. 블록체인 기술은 이 과정에서 데이터의 무결성을 보장하고 데이터가 안전하게 그리고 자동으로 처리될 수 있는 신뢰 인프라를 제공할 것이다. 그렇다고 여기서 사람의 역할이 없어지는 것은 아니다. 블록체인에 계약을 담을 때는 계약 자체를 잘 정의하기 위해 엄청난 노력을 들여야 하는 것처럼 사람들은 정보를 취합하고 해석하고 판단하고 타인과 협상하고 설득하고 합의를 도출하고 그에 따라 의사결정하는 역할을 담당하게 될 것이기 때문이다.

기계가 일할 수 있는 시대에는 기계가 더 많은 일을 할 수 있도록 하자. 그 남은 시간에 우리는 실험하고 연구하고 고민하고 토론하고, 협상하고 타협하고 의사결정하는 인간만의 고유한 일들을 해야할 테니 말이다.

미주

1. 전명산, 〈두바이, 블록체인 정부의 포문을 열다〉, 매일경제, 2018.03.15. http://news.mk.co.kr/newsRead.php?year=2018&no=169059
2. Mats Snäll, 〈Blockchain and the Land Register – a new "trust machine"?〉, 2017. https://www.conftool.com/landandpoverty2017/index.php/07-02-Sn%C3%A4ll-572_paper.pdf?page=downloadPaper&filename=07-02-Sn%C3%A4ll-572_paper.pdf&form_id=572&form_version=final
3. Arjun Kharpal, 〈Blockchain is 'one of the most overhyped technologies ever,' Nouriel Roubini says〉, CNBC, 2018.03.06 https://www.cnbc.com/2018/03/06/blockchain-nouriel-roubini-one-of-the-most-overhyped-technoogies-ever.html
4. https://en.wikipedia.org/wiki/Zero-knowledge_proof
5. https://en.wikipedia.org/wiki/Directed_acyclic_graph
6. http://www.mas.gov.sg/Singapore-Financial-Centre/Smart-Financial-Centre/Project-Ubin.aspx
7. 전명산, 〈블록체인 거번먼트〉, 알마, 2018.
8. https://ko.wikipedia.org/wiki/%EC%95%A0%EC%9E%90%EC%9D%BC_%EC%86%8C%ED%94%84%ED%8A%B8%EC%9B%A8%EC%96%B4_%EA%B0%9C%EB%B0%9C
9. https://www.dutchblockchaincoalition.org
10. 허준, 〈네덜란드 왕자가 블록체인을 대하는 자세〉, 블록포스트, 2018. 06.20. http://www.fnnews.com/news/201806260447548388
11. https://zetawiki.com/wiki/%EC%8A%A4%ED%81%AC%EB%9F%BC_%EB%B3%B4%EB%93%9C
12. 김경윤, 〈[블록체인 현장] '여권없는 해외여행 만든다' 네덜란드 블록체인 신분증 실험〉, 연합뉴스, 2018.06.27. https://www.yna.co.kr/view/AKR20180626167400002
13. 정재승, 〈[정재승 칼럼] 스마트시티를 위한 100일〉, 중앙선데이, 2018.08.11. https://news.joins.com/article/22877635
14. 전명산, 〈파괴적 기술에 국가의 스타트업화로 맞서는 에스토니아〉, 매일경제, 2017.10.23. http://news.mk.co.kr/newsRead.php?year=2017&no=698812
15. 허준, 〈[블록체in 유럽⑩-끝] 작은정부가 선도하는 블록체인 혁명〉, 블록포스트, 2018. 07. 04. https://blockpost.com/market/21350/
16. 허준, 〈네덜란드 왕자가 블록체인을 대하는 자세〉, 블록포스트, 2018. 06.20. http://www.fnnews.com/news/201806260447548388
17. https://arxiv.org/pdf/1712.01767.pdf
18. Christopher Allen, 〈The Path to Self-Sovereign Identity〉, Coindesk, 2016. 04. 27.

https://www.coindesk.com/path-self-sovereign-identity

19. https://www.metadium.com/team.html

20. 정용인, 〈페이스북 10년 '위험한 실험' 이번뿐일까〉, 경향신문, 2014. 07. 12. https://news.khan.co.kr/kh_news/khan_art_view.html?art_id=201407121447331

21. Priyankar Bhunia, 〈How the Dutch Government is exploring blockchain use cases through many concurrent pilot projects〉, OPEN GOV, 2018. 01.04. https://www.opengovasia.com/how-the-dutch-government-is-exploring-blockchain-use-cases-through-many-concurrent-pilot-projects/

22. https://idemia.com/

23. https://www.tudelft.nl/

24. https://tools.ietf.org/id/draft-pouwelse-trustchain-01.html

25. https://www.iota.org/

26. https://en.wikipedia.org/wiki/Directed_acyclic_graph

27. https://en.wikipedia.org/wiki/Secure_multi-party_computation

28. https://en.wikipedia.org/wiki/Homomorphic_encryption

29. https://en.wikipedia.org/wiki/InterPlanetary_File_System

30. https://en.wikipedia.org/wiki/Torrent

31. 권승원, 〈EU연합 소속 기관 보고서 "블록체인 기반 디지털 신원인증 및 국영화폐 도입 연구 중"〉 토큰포스트, 2018. 12. 10. https://tokenpost.kr/article-5107

32. https://jolocom.io/

33. BusinessDictionary, 〈trusted third party〉, http://www.businessdictionary.com/definition/trusted-third-party.html

34. 이길성, 〈'14억 총감시사회'로 가는 중국… 이젠 휴대폰까지 불심검문〉, 조선일보, 2018. 08. 16. http://news.chosun.com/site/data/html_dir/2018/08/16/2018081600135.html

35. dApp(decentralized Application)이란 분산 네트워크인 블록체인 위에서 작동하는 프로그램을 의미한다. 이더리움 등 대부분의 플랫폼형 블록체인들은 블록체인 위에 프로그램을 작동시킬 수 있는 구조를 제공하고 해당 프로그램으로부터 사용료를 받는 비즈니스 모델을 가지고 있다.

36. 도현정, 〈은행 공인인증 만능키 '뱅크사인' 27일 출시〉, 헤럴드경제, 2018. 08. 10. http://news.heraldcorp.com/view.php?ud=20180810000330

37. https://www.bundesblock.de/

38. 마이닝 풀(Mining Pool)이란 다수 개인들이 각자 하나의 노드를 운영하는 것이 아니라, 노드를 운영하는 개인 혹은 회사에 자신의 컴퓨팅 파워를 위탁해서 공동으로 마이닝(채굴)에 참여하는 방식이다. 개인용 컴퓨터들을 네트어크로 묶어서 슈퍼컴퓨터를 만든 것이라고 생각하면 쉽게 이해할 수 있을 것이다. 마이닝 풀에 참여하면 개인은 해당 마이닝 풀이 획득한 비트코인의 일부를 나누어 받는다. 개인들 입장에서는 개인

용 컴퓨터가 가진 미미한 계산 능력으로는 비트코인을 채굴할 가능성이 거의 없는데, 마이닝풀에 참여하면 공동으로 채굴한 비트코인 중 일부를 나누어 받기 때문에 훨씬 유리하다. 또한 마이닝 풀 서비스를 제공하는 입장에서는 막대한 하드웨어 비용을 혼자 대지 않고 다수 개인들이 보유한 컴퓨터 자원을 사용하기 때문에, 비교적 적은 돈으로 채굴에 참여할 수 있다. 그런데 이런 마이닝 풀들은 거대연산 능력을 보유함으로써 네트워크 전체를 지배할 수 있는 권력이 만들어지는 경우가 종종 발생한다.

39. https://vergecurrency.com/

40. https://monacoin.org/

41. https://bitcoingold.org/

42. https://www.horizen.global/ Zencash는 Horizon으로 브랜드를 변경했다.

43. 심두보, 〈고래가 장악한 EOS BP 선거…해법 찾기 분주한 생태계〉, 디센터, 2018. 08. 27. http://decenter.sedaily.com/NewsView/1S3IU72CEW

44. https://github.com/ethereum/guide/blob/master/poa.mc

45. https://poa.network/

46. https://kovan-testnet.github.io/website/

47. https://www.vechain.org/technology/

48. https://boscoin.io/

49. https://blockchain-expo.com/global/talk/blockchain-land-register-new-trust-machine/

50. 이 서비스에 대해서는 다음 동영상을 참고하라. https://www.youtube.com/watch?v=ZAKVD_YX9sw

51. Peter Yang, 〈The First Two Blockchain Babies Born〉, Cryptobuzz, 2018. 03. 14. http://cryptographybuzz.com/blockchain-babies-born/

52. 전명산, 〈두바이, 블록체인 정부의 포문을 열다〉, 매일경제, 2018. 03. 15. http://news.mk.co.kr/newsRead.php?year=2018&no=169059

53. 이에 대해서는 필자가 쓴 〈블록체인 거버먼트〉(알마, 2017)의 4장과 5장을 참조하라.

54. 김병철, 〈정부가 ICO 허용 여부를 11월에 결정한다〉, 코인데스크코리아, 2018. 10. 11. https://www.coindeskkorea.com/%EC%A0%95%EB%B6%80%EA%B0%80-ico-%ED%97%88%EC%9A%A9-%EC%97%AC%EB%B6%80%EB%A5%BC-11%EC%9B%94%EC%97%90-%EA%B2%B0%EC%A0%95%ED%95%9C%EB%8B%A4/

55. Nikhilesh De, 〈나스닥 상장주식을 토큰화한 거래소가 나타났다〉, 코인데스크코리아, 2018. 01. 04. https://www.coindeskkorea.com/dxexchange/?utm_inter=dable

56. 전명산, 〈암호경제, 한번도 경험하지 못한 놈이 온다 ②〉, 매일경제, 2018. 01. 02. http://news.mk.co.kr/newsRead.php?year=2018&no=2365

57. 이현, 〈암호화폐 규제 논의 넉달 미룬 G20 … 비트코인 다시 상승 [출처: 중앙일보] 암호화폐 규제 논의 넉달 미룬 G20 … 비트코인 다시 상승〉, 중앙일보, 2018. 03. 21.

https://news.joins.com/article/22463514

58. Daniel Lee, 〈G20회의 이후, 각국 암호화폐 결국 자산으로 인정하는 쪽으로 결론〉, 코인프레스, 2018. 05. 15. https://www.coinpress.co.kr/2018/05/15/4918/

59. 전명산, 〈블록체인 스타트업, 경제 시스템을 해킹하다〉, 매일경제, 2018. 01. 30. http://news.mk.co.kr/newsRead.php?year=2018&no=68979

60. 전명산, 〈[긴급진단] ② 바닥 없는 하락장, 원인은 스캠 ICO들과 생태계 불균형〉, 티코노미, 2018. 12. 21. https://tconomy.io/2960

61. 손경호, 〈이더리움 가능성-한계 보여준 고양이게임〉, ZDnet Korea, 2017. 12. 08. http://www.zdnet.co.kr/view/?no=20171208152320

62. 김진배, 〈블록체인 기술 연구하면 최대 40% 세액공제 받는다〉, 블록미디어, 2019. 01. 07. https://www.blockmedia.co.kr/archives/60414

63. 블록인프레스, 〈암호화폐 거래소, 결국 벤처기업서 제외〉, 2018. 09. 27. https://blockinpress.com/archives/9254

64. 류현정, 〈[유럽 블록체인 현장] ⑦독일 블록체인연방협회장 "정치권을 모두 끌어들인 게 우리의 전략이었죠"〉, iT 조선, 2018. 07. 11. http://it.chosun.com/site/data/html_dir/2018/07/11/2018071100267.html

65. 김during윤, 〈[블록체인 현장] 獨의회는 업계와 머리 맞대고 규제 만든다〉, 연합뉴스, 2018. 07. 02. https://www.yna.co.kr/view/AKR20180701058300002

66. 서정호, 이대기, 최공필, 〈금융업의 블록체인 활용과 정책과제〉, 디지털금융연구센터, 2017. 01. http://dfrc.kif.re.kr/2017/03/2141

67. 구태언, 〈미래는 규제할 수 없다〉, 클라우드나인, 2018.

68. https://www.skype.com

69. https://transferwise.com/

70. https://taxify.eu/

71. 오인제(핀란드 헬싱키무역관), 〈온라인으로 다 하는 전자선진국 'E-(에)스토니아'〉, Korta, 2013. 05. 10. https://news.kotra.or.kr/user/globalBbs/kotranews/4/globalBbsDataView.do?setIdx=243&dataIdx=121093

72. 허경주, 〈블록체인 입은 전자정부 'e-에스토니아'〉, 한국일보, 2018. 07. 11. http://www.hankookilbo.com/News/Read/201807101654394702

73. Kaspar Korjus, 〈Estonian President Kersti Kaljulaid calls for 'e-Residency 2.0'〉, Medium, 2018. 06. 06. https://medium.com/e-residency-blog/estonian-president-kersti-kaljulaid-calls-for-e-residency-2-0-335d4a08cd64

74. E-Residency에 대한 현재의 고민에 대해서는 카스파르 코르유스의 다음 글을 참조하라. https://medium.com/e-residency-blog/e-residency-2-0-what-do-estonians-think-of-the-programme-99853274a55b

75. 류현정, 〈[유럽 블록체인 현장] ⑩'세금 내지 않는 국가'…에스트코인, 담대한 구상의 운명은?〉, IT조선, 2018. 07. 18. http://it.chosun.com/site/data/html_dir/2018/07/18/2018071800049.html

76. 전명산, 〈파괴적 기술에 국가의 스타트업화로 맞서는 에스토니아〉, 매일경제, 2017. 10. 23. http://news.mk.co.kr/newsRead.php?year=2017&no=698812
77. 허준, 〈전자정부, 이보다 더 강력할 수는 없다〉, 블록포스트, 2018. 07. 03. http://www.fnnews.com/news/201807030751270197
78. 허경주, 〈블록체인 입은 전자정부 'e-에스토니아'〉, 한국일보, 2018. 07. 11. http://www.hankookilbo.com/News/Read/201807101654394702
79. 임유경, 〈에스토니아가 전자영주권 제도 도입한 이유〉, ZDnet Korea, 2018. 10. 10. http://www.zdnet.co.kr/view/?no=20181010160411
80. 허경주, 〈블록체인 입은 전자정부 'e-에스토니아'〉, 한국일보, 2018. 07. 11. http://www.hankookilbo.com/News/Read/201807101654394702
81. 김아름, 〈e-ID 하나로 투표·의료 원스톱 처리.. 국민의 일상을 바꾸다〉, 파이낸셜뉴스, 2018. 06. 26. http://www.fnnews.com/news/201806261711433788
82. 고승주, 〈[국세통계] 징수비용 1원 당 세금 154원 걷었다〉, 조세금융신문, 2017. 11. 02. http://www.tfnews.co.kr/news/article.html?no=39927
83. 김경윤, 〈[블록체인 현장] 에스토니아 전자정부 키 잡은 CIO…"블록체인 다양한 실험 중"〉, 연합뉴스, 2018.07. 04. https://www.yna.co.kr/view/AKR20180704070200002
84. 김정욱, 박용범, 〈"블록체인 시대 정부는 '보이지 않는 정부' 돼야"〉, 매일경제, 2018. 01. 22. http://news.mk.co.kr/newsRead.php?year=2018&no=49246
85. 허경주, 〈블록체인의 나라 에스토니아… "영토 같은 물리적 조건, 앞으론 의미 없다"〉, 한국일보, 2018. 07. 10. http://www.hankookilbo.com/News/Read/201807101704360944
86. 김경윤, 〈[블록체인 현장] 에스토니아의 디지털 백년대계 "블록체인은 작은 조각"〉, 연합뉴스, 2018. 07. 06. https://www.yna.co.kr/view/AKR20180705085700002
87. 김형우, 〈에스토니아, '디지털 대사관'으로 사이버 보안 강화〉, 데일리시큐, 2017. 06. 11. https://www.dailysecu.com/?mod=news&act=articleView&idxno=21163
88. 박용범, 〈블록체인 에스토니아처럼〉, 매일경제신문사, 2018, p.173~174
89. 조진형, 〈[단독] 칼률라이드 에스토니아 대통령 "암호화폐 발행 안 할 것"〉, 중앙일보, 2018. 02. 13. https://news.joins.com/article/22367447
90. Daniel Lee, 〈에스토니아, 국가 암호화폐 발행 계획 철회〉, 코인프레스, 2018. 06. 02. https://www.coinpress.co.kr/2018/06/02/5599/
91. 류현정, 〈[유럽 블록체인 현장] ⑩'세금 내지 않는 국가'…에스트코인, 담대한 구상의 운명은〉, IT조선, 2018. 07. 18. http://it.chosun.com/site/data/html_dir/2018/07/18/2018071800049.html
92. 토큰 이코노미의 성격과 특징에 대해서는 필자의 다음 책 〈블록체인, 무엇에 쓰는 물건인고〉에서 자세하게 다룰 예정이다.
93. 이에 대해서는 필자가 쓴 〈블록체인 거번먼트〉(알마, 2017), p.242~248를 참고하라.
94. 사회 인프라 전반의 플랫폼화에 대해서는 〈플랫폼 레볼루션〉(부키, 2017)을 참고하라.

95. 김경윤, 〈[블록체인 현장] 비트코인 탄생 전에 블록체인 만든 에스토니아 기업 '가드타임'〉, 연합뉴스, 2018. 07. 07. https://www.yna.co.kr/view/AKR20180706153300002?input=1195m

96. 박순찬, 〈인구 130만명 에스토니아, 전세계 컴퓨터 100만대가 디도스 공격〉, 조선비즈, 2013. 01. 25. biz.chosun.com/site/data/html_dir/2013/01/24/2013012402645.html

97. 전명산, 〈먼저 온 미래: 에스토니아 전자정부〉, 코인데스크코리아, 2018. 11. 19. https://www.coindeskkorea.com/%EB%A8%BC%EC%A0%80-%EC%98%A8-%EB%AF%B8%EB%9E%98-%EC%97%90%EC%8A%A4%ED%86%A0%EB%8B%88%EC%95%84-%EC%A0%84%EC%9E%90%EC%A0%95%EB%B6%80/

98. Ahto Buldas, Märt Saarepera, 〈On provably secure time-stamping schemes (2004)〉, Advances in Cryptology — ASIACRYPT 2004, 2004, http://citeseerx.ist.psu.edu/viewdoc/summary?doi=10.1.1.65.8638

99. https://guardtime.com/technology

100. 김경윤, 〈[블록체인 현장] 비트코인 탄생 전에 블록체인 만든 에스토니아 기업 '가드타임'〉, 연합뉴스, 2018. 07. 07. https://www.yna.co.kr/view/AKR20180706153300002

101. https://e-estonia.com/wp-content/uploads/faq-a4-v02-blockchain.pdf

102. 허준, 〈블록체인은 만병통치약이 아니다〉, 블록포스트, 2018. 07. 07. www.fnnews.com/news/201807040740013087

103. Doug Drinkwater, 〈보안 분야에서의 블록체인 사용 사례 6가지〉, ITWORLD, 2018. 02. 09. www.itworld.co.kr/news/108182#csidx55fc96ca76029a48a6ee03a4abb089e

104. 허준, 〈블록체인은 만병통치약이 아니다〉, 블록포스트, 2018. 07. 04. http://www.fnnews.com/news/201807040740013087

105. 김남규, 〈이더리움 지갑 해킹으로 3000만 달러 도난〉, IT조선, 2017. 07. 20. http://it.chosun.com/site/data/html_dir/2017/07/20/2017072085031.html

106. 강성일, 〈가상화폐 지갑 '패리티' 또 뚫렸다…3121억 상당의 이더리움 묶여〉, 토큰포스트, 2017. 11. 08. https://www.tokenpost.kr/article-800

107. CoinNess.com, 〈CoinNess.com: At Least 13 EOS Gambling DApps Hacked in the Past 30 Days〉, Medium, 2018. 12. 19. https://medium.com/@coinness/coinness-com-at-least-13-eos-gambling-dapps-hacked-in-the-past-30-days-893c9bf2748d

108. Sujha Sundararajan, 〈유럽 22개국, 블록체인 파트너십 협정 서명〉, 코인데스크코리아, 2018. 04. 12. https://www.coindeskkorea.com/유럽-22개국-블록체인-파트너십-협정-서명/

109. 백정호, 〈이탈리아, 유럽 블록체인 파트너십 가입…총 27개국 참여〉, 더비체인, 2018. 09. 28. http://www.thebchain.co.kr/news/articleView.html?idxno=1843

110. 하이레, 〈EU, 블록체인 관련 시행조치 발표…올해 핀테크 연구소 설립〉, 토큰포스트, 2019. 02. 02. https://tokenpost.kr/article-1763

111. https://assets.publishing.service.gov.uk/.../gs-16-1-distributed-ledger-technology.pdf

112. https://b-hive.eu/

113. NWO, 〈Benelux initiatives sign memorandum to strengthen further collaboration in blockchain within the region〉, 2018. 02. 23. https://www.nwo.nl/en/news-and-events/news/2018/02/benelux-initiatives-sign-memorandum-to-strengthen-further-collaboration-in-blockchain-within-the-region.html

114. 권승원, 〈EU연합 소속 기관 보고서 "블록체인 기반 디지털 신원인증 및 국영화폐 도입 연구 중"〉 토큰포스트, 2018. 12. 10. https://tokenpost.kr/article-5107

115. https://en.wikipedia.org/wiki/Social_capital

116. 최예준, 〈[블록체인 넥스트]④남북 교류, 암호화폐가 책임진다〉, Decenter, 2019. 01. 22. https://decenter.sedaily.com/NewsView/1VE4XV0ADP

117. Fintech Finance, 〈What is Programmable Money?〉, 2017. 03. 24. https://www.fintech.finance/01-news/what-is-programmable-money/

118. James Eyers, 〈Programmable money will be the trigger for governments to adopt blockchain〉, Financial Review, 2018. 08. 08. https://www.afr.com/technology/programmable-money-will-be-the-trigger-for-governments-to-adopt-blockchain-20181005-h169hx

119. Yogita Khatri, 〈사우디아라비아-아랍에미리트, 공동 디지털 화폐 실험〉, 코인데스크코리아, 2019. 01. 30. https://www.coindeskkorea.com/saudiuaeaber/

120. Anna Baydakova, 〈영국 중앙은행, "친(親) 블록체인 결제 시스템 구축"〉, 코인데스크코리아, 2018. 07. 25. https://www.coindeskkorea.com/영국-중앙은행-친親-블록체인-결제-시스템-구축/

121. 이에 대해서는 필자가 쓴〈블록체인 거번먼트〉 p.184~189를 참고하라.

122. 인류 사회의 커뮤니케이션 구조 변화에 대해서는 필자가 쓴〈국가에서 마을로〉(갈무리, 2012)를 참고하라.

123. 전명산, 〈블록체인: 신뢰공학의 탄생〉, 적정기술 10호, Vol. 10 No.1, 2018. http://www.riss.kr/link?id=A104478183

124. 박현영, 〈MIT 교수의 블록체인 프로토콜 '알고랜드', 700억원대 투자 유치〉, 디센터, 2018. 10. 25. https://decenter.sedaily.com/NewsView/1S61SRBY83/GZ02

125. 권승원, 〈MIT·스탠포드 연구진, 세계 확장 탈중앙 결제 네트워크 출시〉, 토큰포스트, 2019. 01. 18. https://tokenpost.kr/article-5508

126. https://z.cash/

127. https://enigma.co/

128. 권승원, 〈텔레그램, 3월 중 블록체인 플랫폼 출시 계획〉, 토큰포스트, 2019. 01. 24. https://www.tokenpost.kr/article-5578

129. 박현영, 〈토렌트의 암호화폐 'BTT토큰', 바이낸스서 15분만에 완판〉, 디센터, 2019. 01. 29. https://www.sedaily.com/NewsView/1VE84BL97Z

130. Yogita Khatri, 〈페이스북, 송금용 자체 스테이블코인 만든다〉, 코인데스크코리아, 2018. 12. 23. https://www.coindeskkorea.com/facebockstablecoin/

131. 김연지, 〈JP모건, 자체 암호화폐 발행...美 은행 최초〉, 디센터, 2019. 02. 15. https://www.decenter.kr/NewsView/1VFBN4Y6VM/GZ02?fbclid=IwAR3DwlRV0v8waBKcYH5asOkXE09RSfBFrzgPrFoJvUqP7-EJMSBrLLdHxHM

132. 이진영, 〈[2017 연중 특별기획-4차산업혁명, 일상속으로!] 中 비트코인 투자 열풍… 금융·전기車도 '블록체인'〉, 뉴시스, 2017. 01. 13. http://mobile.newsis.com/view.html?ar_id=NISX20170112_0014637278#imadnews

133. 유호정, 〈'5초 만에 지급' 중국 첫 블록체인 보험금 청구〉, ZDNet Korea, 2018. 12. 11. http://www.zdnet.co.kr/view/?no=20181211081750

134. 이에 대해서는 〈블록체인 거번먼트〉의 p.105~111을 참조하라.

블록체인, 정부를 혁신하다

초판 1쇄 인쇄 2019년 5월 27일
초판 1쇄 발행 2019년 5월 31일

지은이 전명산
펴낸이 안현주

경영총괄 장치혁
디자인 표지 최승협 본문 장덕종
마케팅영업팀장 안현영

펴낸곳 클라우드나인 **출판등록** 2013년 12월 12일(제2013-101호)
주소 우) 121-898 서울시 마포구 월드컵북로 4길 82(동교동) 신흥빌딩 6층
전화 02-332-8939 **팩스** 02-6008-8938
이메일 c9book@naver.com

값 15,000원
ISBN 979-11-89430-26-9 03320

- 잘못 만들어진 책은 구입하신 곳에서 교환해드립니다.
- 이 책의 전부 또는 일부 내용을 재사용하려면 사전에 저작권자와 클라우드나인의 동의를 받아야 합니다.

- 클라우드나인에서는 독자여러분의 원고를 기다리고 있습니다.
  출간을 원하는 분은 원고를 bookmuseum@naver.com으로 보내주세요.

- 클라우드나인은 구름 중 가장 높은 구름인 9번 구름을 뜻합니다. 새들이 깃털로 하늘을 나는 것처럼 인간은 깃펜으로 쓴 글자에 의해 천상에 오를 것입니다.